LIBRO DE ESTUDIO Y DEVOCIONAL
CON GUÍAS DE ORACIÓN Y JOURNAL SEMANAL

PÍDEME

Llevando nuestras peticiones a Dios en oración

Paz

Felicidad

Esperanza

AF712080

REBECA SEGEBRE

Editorial Güipil

Para otros materiales, visítanos en:
EditorialGuipil.com

© 2021 por Rebeca Segebre
Todos los derechos reservados
Libro de estudio y devocional "Pídeme"
Llevando nuestras peticiones a Dios en oración.

Publicado por **Editorial Güipil**
Miami, FL - Charlotte, NC. Estados Unidos de América

Reservados todos los derechos. Ninguna porción ni parte de esta obra se puede reproducir, ni guardar en un sistema de almacenamiento de información, ni transmitir en ninguna forma por ningún medio (electrónico, mecánico, de fotocopiado, grabación, etc.) sin el permiso previo de los editores, excepto para breves citas y reseñas.

Esta publicación contiene las opiniones e ideas de su autor. Su objetivo es proporcionar material informativo y útil sobre los temas tratados en la publicación. Se vende con el entendimiento de que el autor y el editor no están involucrados en la prestación de servicios financieros, de salud o cualquier otro tipo de servicios personales y profesionales en el libro. El lector debe consultar a su consejero personal u otro profesional competente antes de adoptar cualquiera de las sugerencias de este libro o extraer deducciones de ella. El autor y el editor expresamente niegan toda responsabilidad por cualquier efecto, pérdida o riesgo, personal o de otro tipo, que se incurre como consecuencia, directa o indirectamente, del uso y aplicación de cualquiera de los contenidos de este libro.

Versículos bíblicos indicados con NVI han sido tomados de la Santa Biblia, Nueva Versión Internacional, NVI. ©1999 por Bíblica, Inc. Usado con permiso de Zondervan. Todos los derechos reservados mundialmente. www.zonderban.com.
Versículos bíblicos indicados con RV60 han sido tomados de la Santa Biblia, versión Reina Valera 1960. ©1960 Sociedades Bíblicas en América Latina; ©renovado 1988 Sociedades Bíblicas Unidas. Utilizado con permiso. Reina Valera 1960© es una marca registrada de la American Bible Society.
Versículos bíblicos indicados con NTV han sido tomado de la Santa Biblia, Nueva Traducción Viviente, © Tyndale House Foundation 2008, 2009, 2010. Usado con permiso de Tyndale House Publishers, Inc., 351 Executive Dr., Carol Stream, IL 60188, Estados Unidos de América. Todos los derechos reservados.

Editorial Güipil

Editorial Güipil. Primera edición 2021
www.EditorialGuipil.com

ISBN: 978-1-953689-33-7

Categoría: Crecimiento Personal / Oración / Vida práctica / Inspiración

"Cuando oramos, hablamos con Dios, nuestro Padre Eterno. Lo hacemos con aquello que tenemos en el corazón. Podríamos comenzar con agradecimiento porque siempre hay mucho que agradecerle, pero debemos recordar acercarnos a pedirle, ya que este es un acto de confianza y de humildad, pero sobretodo de consciencia. Durante la oración, reconocemos nuestra necesidad y que Él es la fuente de todo para nosotros."

Rebeca Segebre

Cómo utilizar este libro

Como seres humanos viviendo en este mundo caído y en decadencia, requerimos de transformación continua. Son muchas las circunstancias frustrantes y devastadoras que amenazan nuestras vidas y comunidades. Algunas llegan de manera repentina y sorpresiva. Es por esto que debemos aprender a enfrentar la vida comenzando cada día con la búsqueda de Dios por medio de la oración.

La oración tiene el poder de transformarlo todo: tu salud, tu economía, tu estado emocional, tus relaciones. Pero, aún más importante, la oración tiene el poder de transformar al que ora. Y una de las maneras en la que esto acontece es por medio de la confianza que adquirimos al recordar las oraciones contestadas y la facilidad con la que activamos nuestra fe después de recordar los milagros que Dios ha realizado en el pasado a favor nuestro. Cuando mantenemos un registro, damos la honra a Dios por su presencia activa en nuestras vidas y esto nos transforma.

Este libro de estudio y devocional esta hermosamente diseñado para que lo utilices día a día:

- Te ayuda a desarrollar un plan de oración personal.

- Puedes utilizarlo durante 52 semanas y puedes comenzar en cualquier época del año.

- Encuentra ideas y sugerencias sobre la oración en cada uno de los 12 capítulos de este libro, las cuales están basadas en las enseñanzas de estudio bíblico de Rebeca Segebre "*Pídeme*", al igual que una estrategia para tu semana de oración.

Cómo utilizar cada sección del espacio de journal en este libro:

- **Mantén un registro de oración por cada área de tu vida.** Cada mes te invitamos a orar por estas cuatro categorías: sabiduría para algún aspecto de tu vida, necesidades cotidianas, relaciones interpersonales y recordar las promesas divinas de las Sagradas Escrituras. También cada mes, puedes llevar el registro de tus tres más importantes y críticas peticiones de oración.

- **Utiliza el espacio diario para registrar tus inquietudes, peticiones y respuestas a la oración.** Debajo de tus inquietudes escribe porqué necesitas orar ese día. Al otro lado, escribe las respuestas de Dios a esta o a una petición anterior. Al final de cada semana escribe lo que has recibido en términos de lecciones aprendidas y momentos de agradecimiento.

- **Utiliza el espacio *Esta semana leí en la Biblia*** como una invitación a leer la palabra antes de orar y comienza la oración con la ayuda de tu lectura diaria.

Este recurso esta acompañado por una serie de entrenamientos en video de alta calidad y comienza tu estudio cualquier día del año de manera individual o en grupo.

Puedes accesarlo de manera gratis en:
RebecaSegebre.org/biblia

Por qué este libro

Este libro de oración se concentra en la oración a Dios en forma de petición. Es una respuesta a la necesidad de nuestros tiempos, donde se vive mucha ansiedad. Cuando comenzó la pandemia del COVID19, Dios nos guio a convertir nuestro tiempo de los jueves en nuestras redes sociales a noche de oración. La necesidad en la comunidad se notó muy grande, no solo por la cantidad y el tipo de peticiones, sino también en la falta de herramientas para orar. De allí creamos un libro con 30 testimonios de oraciones contestadas con el objetivo de levantar la fe de nuestra comunidad y esto nos llevó a darle ese mismo énfasis a nuestra cumbre Mujer Valiosa de verano.

Decidimos crear Mujer Valiosa de oración, un evento mundial y virtual de 12 horas, donde enseñamos sobre la oración con 12 diferentes subtemas y aspectos de nuestra vida de oración. De allí, también nació nuestra Comunidad de Compañeras de Oración, la cual se formó en el verano de 2021.

Algo que notamos en nuestra experiencia es que las personas necesitan guía para orar ya que muchos no saben:

1. Cómo pedir a Dios.
2. Qué cosas pedir en favor de sus hijos, matrimonios o ellos mismos.
3. Qué hacer después que piden a Dios.

El libro muestra la realidad de nuestra comunidad, pero es una respuesta a la necesidad de todo ser humano de tomar responsabilidad de sus propias peticiones y vida de oración a Dios.

Para ayudarte, hemos creado guías de oración para ciertas áreas de la vida, las cuales no son exhaustivas, pero son un gran comienzo como dirección y lista de consejos que puedes seguir extendiendo con el tiempo.

Si por medio de este tiempo de dificultad que atraviesa el mundo, aprendemos a comunicarnos mejor con nuestro padre celestial y aprendemos que él es nuestra fuente, entonces será una realidad que, lo que el enemigo quiso utilizar como maldad, Dios lo transforma a nuestro favor.

"*La Mujer Valiosa es una mujer caracterizada por la devoción a Dios y su compromiso con su familia y comunidad. Creemos de acuerdo a 1 Timoteo 2: 1 – 4 que la oración es un privilegio, una necesidad y agrada a Dios nuestro Salvador*" Rebeca Segebre

Estrategia de Oración Semanal

Por qué orar y qué pedir

Veamos lo que nos dijo Jesús en **Mateo 7:7-8**

De la Reina Valera leemos:

"Pedid, y se os dará; buscad, y hallaréis; llamad, y se os abrirá"

En la NTV da el sentido de que orar no es pedir una sola vez, hay que seguir pidiendo. Y en otras versiones en inglés se utiliza la expresión: "Pide y sigue pidiendo…"

Leamos en la NTV el pasaje de mateo para descubrir que este pedir es constante:

"Sigue pidiendo y recibirás lo que pides; sigue buscando y encontrarás; sigue llamando, y la puerta se te abrirá. Pues todo el que pide, recibe; todo el que busca, encuentra; y a todo el que llama, se le abrirá la puerta." **Mateo 7:7-8**

Jesús dijo: Pedid y se os dará, pero ¿qué cosas podemos pedir?

En este journal te presento una lista de cuatro cosas que las sagradas escrituras nos dicen que podemos pedir con confianza de recibir y las que puedes utilizar cada semana como tu guía de oración:

SABIDURÍA:

"Si alguno de vosotros tiene falta de sabiduría, pídala a Dios, el cual da a todos abundantemente y sin reproche, y le será dada" (Santiago 1:5) ¿Y qué? "Le será dada".

NECESIDADES DIARIAS:

En la oración del padre nuestro Jesús dice que pidamos así: "**el pan de cada día dánoslo hoy**" Jesús nos anima a realizar peticiones por nuestras necesidades de recursos. El pan es símbolo de lo que necesitamos día a día de las necesidades cotidianas.

RELACIONES:

En el Padre nuestro Jesús también dice que debemos orar diciendo: "perdona nuestros pecados, así como nosotros perdonamos…" es decir, Dios está dispuesto a escuchar nuestras peticiones por necesidad debido a relaciones rotas o peticiones para reconciliarnos con Dios cuando hemos pecado.

PROMESAS DIVINAS:

Estoy segura que podemos pedir de acuerdo con lo que Jesús nos prometió. Por ejemplo, Jesús nos promete paz: "Mi paz os dejo" y Jesús también dijo: "les dejo un regalo paz en la mente y en el corazón."

Nuestro Padre Celestial sabe perfectamente que nuestra naturaleza está sujeta a cierto nivel de satisfacción, y Él es el más interesado en vernos felices y satisfechos. Nuestra naturaleza humana busca certezas, busca y desea tener suplidas nuestras necesidades, pero a veces estas necesidades son más un deseo que surge de la comparación que hacemos con otras personas.

Muchos de nosotros empezamos a sentir la frustración en nuestro corazón y esto puede dar pie a buscar cosas que realmente son innecesarias o aun peor, van en contra de la voluntad de Dios. En este contexto, muy pronto la envidia, la ira y el resentimiento también llegarán al corazón como producto de esa insatisfacción. El apóstol Santiago lo explica de una manera muy clara:

«Desean lo que no tienen, entonces traman y hasta matan para conseguirlo. Envidian lo que otros tienen, pero no pueden obtenerlo, por eso luchan y les hacen la guerra para quitárselo. *Sin embargo, no tienen lo que desean porque no se lo piden a Dios.*» Santiago 4:2 (NTV)

Dios es un padre amoroso, y quiere que le pidas lo que necesitas o deseas. Acércate a Él, búscalo y pídele. No te sientas mal por hacerlo. Solo recuerda las palabras de Jesús que nos asegura que todo el que pide, recibe. Pide y recibirás.

Cada mes recuerda orar por estas cuatro categorías:

Señor, necesito sabiduría en esto

Señor, estas son mis necesidades cotidianas

Señor, oro a ti por mis relaciones

Señor, quiero recordar estas promesas divinas

Contenido

CAPÍTULO 1

La Importancia de pedir a Dios en oración

«Oh Dios, tú eres mi Dios; de todo corazón te busco.
Mi alma tiene sed de ti; todo mi cuerpo te anhela
en esta tierra reseca y agotada donde no hay agua.»
Salmos 63:1 (NTV)

David buscaba de Dios, no solo para pedir, sino como alguien que entiende que en Él tiene todo lo que necesita para sostenerse. Esa es la expresión de seguridad que él mismo nos entrega en el Salmo 23, cuando dijo: «El Señor es mi pastor; tengo todo lo que necesito» (NTV).

Somos muchos los que hemos pensado erróneamente que en ocasiones no está bien pedir, cuando la realidad la Biblia es explícita en decir: «oren por todo». Solo los que entienden que pueden orar por todo pueden expresarse como David, y decir: «Tengo todo lo que necesito».

Como te cuento, en mi libro *Las Señales de la cruz*, esto de orar por todo lo aprendí en Jerusalén mientras oraba en el muro de los lamentos:

> «La pared es majestuosa. Y, mientras oraba, sentía el peso de la gloria, de su presencia. Me dediqué a adorarle y lo sentí muy cerca, como que esa muralla fuera el *banquillo* donde descansaban los pies de un

Dios majestuoso. Esta visión se convirtió en aún más maravillosa cuando escuché a Dios decirme en mi interior: «Pídeme».

No estaba bien quedarme allá solamente adorándolo, también debía reconocer con humildad mi condición, así como todos los otros que se acercaban a ese muro lamentaban sus vidas imperfectas y buscaban al único que puede cambiarlas y arreglarlas."

Leyendo la porción de Mateo 7, donde Jesús nos exhorta a pedir para recibir del Padre, logré discernir dos cosas importantes: primero, Jesús nos declara por qué cosas podemos pedir en oración; y, segundo, nos revela de qué maneras podemos hacerlo.

«Ustedes, los que son padres, si sus hijos les piden un pedazo de pan, ¿acaso les dan una piedra en su lugar? O si les piden un pescado, ¿les dan una serpiente? ¡Claro que no! Así que si ustedes, gente pecadora, saben dar buenos regalos a sus hijos, cuánto más su Padre celestial dará buenos regalos a quienes le pidan.» Mateo 7:9-11

Esto es lo que dice Jesús que podemos pedir:

- Un pedazo de pan.
- Un pescado.
- Buenos regalos.

Analizando los ejemplos que coloca aquí el Señor, entendí que no utiliza estas referencias por casualidad; cada una de ellas tiene una connotación muy precisa de lo que Dios, como Padre, está dispuesto a darnos cuando vamos a Él en oración:

- *El pan representa las necesidades básicas.*
- *El pescado representa el empleo, trabajo o emprendimiento.* Lo que hay que pescar con trabajo, empeño y paciencia y que está en «otro mundo» (así como los peces están en el mar) y hay que atraparlos para traerlos al nuestro (tierra seca).
- *Los buenos regalos representan todo aquello que deseamos*, que puede ser debido a un proyecto personal, ministerial o empresarial que Dios haya colocado en nuestros corazones.

Mientras estemos vivos siempre necesitaremos el pan, pescado o buenos regalos. La actitud correcta es tener la humildad de reconocer que estamos en constante necesidad y algunas veces podemos encontrarnos en completa bancarrota.

Si entendemos que esa es nuestra condición, entonces la pregunta clave es ¿A quién le pides tú? ¿A quién recurres con tus inquietudes, preguntas y frustraciones? Muchas veces la respuesta es a un empleador, a contactos o los amigos.

La persona a quién le pides se convierte en tu fuente. ***Jesús dice: Pide al Padre. Él es la fuente de todo bien.***

«Sigue pidiendo y recibirás lo que pides; sigue buscando y encontrarás; sigue llamando, y la puerta se te abrirá. Pues todo el que pide, recibe; todo el que busca, encuentra; y a todo el que llama, se le abrirá la puerta.» Mateo 7: 7-8 (NTV)

Ya que Dios es tu fuente, debes ir a Él con humildad, porque Él es tu Padre y con Él puedes ir con toda confianza.

Mi registro mensual de oración

LAS TRES PETICIONES DE ORACIÓN MÁS IMPORTANTES Y CRÍTICAS:

1	
2	
3	

OTRAS PETICIONES PARA TENER EN CUENTA

PETICIONES DE AMIGOS, FAMILIARES Y MINISTERIO	CUANDO ORARÉ

Guía general de oración

Señor, necesito sabiduría en esto:

Señor, estas son mis necesidades cotidianas:

Señor, oro a ti por mis relaciones:

Señor, quiero recordar tus promesas divinas:

Fecha:

Esta semana leí en la Biblia:

Lunes *Mis peticiones* *Sus respuestas*

Martes *Mis inquietudes* *Sus respuestas*

Miércoles *Mis peticiones* *Sus respuestas*

Jueves *Mis peticiones* *Sus respuestas*

Viernes — Mis peticiones — Sus respuestas

Mis peticiones	Sus respuestas
....	....
....	....
....	....

Sábado — Mis peticiones — Sus respuestas

Mis peticiones	Sus respuestas
....	....
....	....
....	....

Domingo — Mis peticiones — Sus respuestas

Mis peticiones	Sus respuestas
....	....
....	....
....	....

Lecciones aprendidas y momentos de agradecimiento.

....

....

....

....

Fecha:

Esta semana leí en la Biblia:

Lunes *Mis peticiones* *Sus respuestas*

....

....

....

Martes *Mis inquietudes* *Sus respuestas*

....

....

....

Miércoles *Mis peticiones* *Sus respuestas*

....

....

....

Jueves *Mis peticiones* *Sus respuestas*

....

....

....

Viernes Mis peticiones — Sus respuestas

Sábado Mis peticiones — Sus respuestas

Domingo Mis peticiones — Sus respuestas

Lecciones aprendidas y momentos de agradecimiento.

Fecha:

Esta semana leí en la Biblia:

Lunes *Mis peticiones* *Sus respuestas*

Martes *Mis inquietudes* *Sus respuestas*

Miércoles *Mis peticiones* *Sus respuestas*

Jueves *Mis peticiones* *Sus respuestas*

Viernes Mis peticiones — Sus respuestas

Mis peticiones	Sus respuestas

Sábado Mis peticiones — Sus respuestas

Mis peticiones	Sus respuestas

Domingo Mis peticiones — Sus respuestas

Mis peticiones	Sus respuestas

Lecciones aprendidas y momentos de agradecimiento.

Fecha:

Esta semana leí en la Biblia:

Lunes Mis peticiones | Sus respuestas

Martes Mis inquietudes | Sus respuestas

Miércoles Mis peticiones | Sus respuestas

Jueves Mis peticiones | Sus respuestas

Viernes Mis peticiones — *Sus respuestas*

Mis peticiones	Sus respuestas
....	....
....	....
....	....

Sábado Mis peticiones — *Sus respuestas*

Mis peticiones	Sus respuestas
....	....
....	....
....	....

Domingo Mis peticiones — *Sus respuestas*

Mis peticiones	Sus respuestas
....	....
....	....
....	....

Lecciones aprendidas y momentos de agradecimiento.

....

....

....

....

CAPÍTULO 2

Orando de acuerdo a los Salmos de David

Una de las maneras de orar es por medio de los salmos. En muchas ocasiones de mi vida, he recorrido a ellos no solo por consuelo, sino también como dirección para orar a Dios adecuadamente.

Así es, este es un **método** que yo aconsejo en toda la Biblia. De esta forma, podemos leer los salmos y ver cuál fue la petición del salmista y lo que Dios le concedió mientras que nos llenamos de fe para creer en nuestra situación actual. Asimismo, también podemos orar las palabras del salmo.

En momentos de dificultad no solo he orado los salmos, pero le he dado música de manera que los repito cantando durante el día.

Uno de mis salmos favoritos para hacer este ejercicio de oración es el Salmos 34 y quisiera compartir contigo como orar por medio de la lectura de un salmo.

Del versículo 4 podemos deducir **que podemos pedir a Dios por libertad de los temores**.

David nos dice:
«Oré al Señor, y él me respondió;
me libró de todos mis temores.»

PRIMERO

Leamos el salmo completo.

Te aconsejo que leas el salmo completo y encuentres su tema principal. En este caso, leeremos la porción en Salmos 34: 5 - 10 (NTV)

"Los que **buscan** su ayuda estarán radiantes de alegría;
ninguna sombra de vergüenza les oscurecerá el rostro.
En mi desesperación oré, y el Señor me escuchó;
me salvó de todas mis dificultades.
Pues el ángel del Señor es un guardián;
rodea y defiende a todos los que le temen.

Prueben y vean que el Señor es bueno;
¡qué alegría para los que se refugian en él!
Teman al Señor, ustedes los de su pueblo santo,
pues los que le temen tendrán todo lo que necesitan.
Hasta los leones jóvenes y fuertes a veces pasan hambre,
pero a los que confían en el Señor no les faltará ningún bien."

SEGUNDO

Hazlo con intensión

Adicionalmente, podemos leer este salmo y buscar si **hay una señal que Dios cambió las circunstancias del salmista**. Por ejemplo, después de leer el Salmo 34, podemos ver que él enumera los beneficios que obtuvo de parte de Dios.

Ahora, leyendo con la intención de hallar los beneficios de los que buscamos a Dios en oración encontramos lo que tú y yo también podemos recibir de Dios:

1. Estaremos radiantes de alegría
2. Nos salva de todas mis dificultades
3. Nos rodea y defiende

4. Nos da alegría a los que se refugian en él
5. Tendrán todo lo que necesitan
6. No les faltará ningún bien.

TERCERO

Enfócate en lo que te impacta

Puedes enfocarte en uno de los versos que más te impactaron, por ejemplo, en mi caso, el verso 10 me causa mucho estremecimiento ya que **me da la sensación de que esta promesa** es **para cualquier momento de la vida**, no importa cómo me sienta de manera física. Entonces lo leo en otras versiones, por ejemplo: En la reina Valera dice: **"Los leoncillos necesitan, y tienen hambre; pero los que buscan a Jehová no tendrán falta de ningún bien."**

CUARTO

Nota los verbos que utiliza al autor

Aquí el salmista utiliza el verbo **BUSCAR** y pienso que "la búsqueda es un proceso" y concluyo que, en oración, debemos entregarle a Dios nuestra petición de cuál es mi búsqueda.

Ejemplo: busco la paz financiera en la palabra de Dios, en el consejo divino. Y esa búsqueda no depende de mis fuerzas o de mis propios recursos, **cuando busco en Dios**. Esta actitud me coloca en la misma posición de aquellos que podrían lograrlo porque tienen a su ventaja la capacidad en su ADN, la fuerza de la juventud, la sabiduría de los años o la experiencia animal de todo un león. **Cuando busco a Dios**, el mismo Dios me posiciona para encontrar. No tendré falta de ningún bien. **"Los que buscan a Jehová no tendrán falta de ningún bien"**

Si bien es cierto, como hijas de Dios, tenemos las herramientas para hacer frente a cualquier adversidad o problema, pero a veces nos sentimos mal por estar pasando un mal momento y nos sentimos tentadas a pensar que quizá no estamos haciendo algo bien.

EJEMPLO DE UNA ORACIÓN SIGUIENDO LAS PALABRAS DEL SALMO 34

Esta sería la manera en que yo utilizaría el salmo 34 como guía para mi oración a Dios:

"Gracias, Padre, porque nosotros confiamos en ti. Gracias porque te traemos a ti nuestras peticiones y sabemos que vamos a estar radiantes de alegría. Señor, yo traigo a ti mi dificultad y yo sé que Tú me salvas de todas mis dificultades y problemas. Yo sé, Señor, que Tú me rodeas y sé que Tú me defiendes. Gracias, Señor, porque no solamente me estás rodeando, me estás defendiendo y sé que no solo estoy guardada de toda aflicción, sino que puedo tener alegría en medio de todo esto, porque estoy refugiada en ti. Gracias porque tengo todo lo que necesito aún hoy. Así como dijo el salmista: El Señor es mi pastor" tengo todo lo que necesito. Además, sé que mi futuro no me faltará ningún bien y, por lo tanto, te agradezco. Te amo. Gracias, Señor. En el nombre de Jesús. Amén.

Esa es la manera de orar utilizando los Salmos. Es una manera maravillosa. Yo espero que tú tomes ventaja de este diario de oración, de esa manera tú puedes también activar la fe.

Meditemos en esto: en más de la mitad de los salmos vemos a un David en problemas, pidiendo ayuda, clamando por no perder la vida, lo vemos hundido en la soledad, pero siempre recordando las promesas de Dios.

Quizá nadie comprenda lo que estés pasando, o sientas que tu única compañía es la soledad. David les puso música a sus oraciones, a sus clamores, a su necesidad.

Estoy segura de que encontrarás un salmo que describirá lo que sientes y tu oración tendrá una respuesta divina y precisa.

La oración de fe a nuestro Dios es también un consuelo y nos hace sentir la realidad de la compañía de nuestro Padre Celestial, sin importar lo que estemos atravesando.

Mi registro mensual de oración

LAS TRES PETICIONES DE ORACIÓN MÁS IMPORTANTES Y CRÍTICAS:

1	
2	
3	

OTRAS PETICIONES PARA TENER EN CUENTA

PETICIONES DE AMIGOS, FAMILIARES Y MINISTERIO	CUANDO ORARÉ

Guía general de oración

Señor, necesito sabiduría en esto:

Señor, estas son mis necesidades cotidianas:

Señor, oro a ti por mis relaciones:

Señor, quiero recordar tus promesas divinas:

Fecha:

Esta semana leí en la Biblia:

Lunes Mis peticiones — *Sus respuestas*

....

....

....

Martes *Mis inquietudes* — *Sus respuestas*

....

....

....

Miércoles Mis peticiones — *Sus respuestas*

....

....

....

Jueves Mis peticiones — *Sus respuestas*

....

....

....

Viernes — *Mis peticiones* | *Sus respuestas*

Sábado — *Mis peticiones* | *Sus respuestas*

Domingo — *Mis peticiones* | *Sus respuestas*

Lecciones aprendidas y momentos de agradecimiento.

Fecha:

Esta semana leí en la Biblia:

Lunes *Mis peticiones* *Sus respuestas*

Martes *Mis inquietudes* *Sus respuestas*

Miércoles *Mis peticiones* *Sus respuestas*

Jueves *Mis peticiones* *Sus respuestas*

Viernes Mis peticiones — *Sus respuestas*

Mis peticiones	Sus respuestas
....	....
....	....
....	....

Sábado Mis peticiones — *Sus respuestas*

Mis peticiones	Sus respuestas
....	....
....	....
....	....

Domingo Mis peticiones — *Sus respuestas*

Mis peticiones	Sus respuestas
....	....
....	....
....	....

Lecciones aprendidas y momentos de agradecimiento.

....

....

....

....

Fecha:

Esta semana leí en la Biblia:

Lunes *Mis peticiones* *Sus respuestas*

Martes *Mis inquietudes* *Sus respuestas*

Miércoles *Mis peticiones* *Sus respuestas*

Jueves *Mis peticiones* *Sus respuestas*

Viernes

Mis peticiones | Sus respuestas

Sábado

Mis peticiones | Sus respuestas

Domingo

Mis peticiones | Sus respuestas

Lecciones aprendidas y momentos de agradecimiento.

Fecha:

Esta semana leí en la Biblia:

Lunes

Mis peticiones | *Sus respuestas*

Martes

Mis inquietudes | *Sus respuestas*

Miércoles

Mis peticiones | *Sus respuestas*

Jueves

Mis peticiones | *Sus respuestas*

Viernes

Mis peticiones | Sus respuestas

Sábado

Mis peticiones | Sus respuestas

Domingo

Mis peticiones | Sus respuestas

Lecciones aprendidas y momentos de agradecimiento.

CAPÍTULO 3
Orando por Nuestros Hijos

Quiero recordarte que Dios te regalo hijos, hijas, nietos, y tú estás en la vida de ellos con un propósito. Ellos NO están en tu vida para llenarte a ti y hacerte mamá o papá y hacerte sentir que tu vida está completa. Existe también una responsabilidad divina, que es agradable, bella, la puedes disfrutar, y esta es: ayudar a que tus hijos se desarrollen, crezcan sanos y confiando en Dios, para que ellos también puedan encontrar su lugar en el plan Divino.

¿Quieres hacer algo significativo por tus hijos? Bueno, aquí te voy a dar una directriz para orar por ellos:

Los temas de la oración te darán también una orientación sobre las cosas que debemos orar continuamente, pero también son una directriz para guiarte sobre qué principios inculcar en nuestros hijos en nuestro diario vivir. Utiliza esta lista en tus oraciones, en tu educación como padre y en tus conversaciones con ellos.

1. SU VIDA ESPIRITUAL.

Habla con tus hijos sobre tu relación con Dios. Ora con ellos y por ellos en voz alta regularmente. Háblales del plan de salvación. Pregúntales si lo entienden. Ora a Dios: "Señor, dame la oportunidad de hablarles a mis hijos sobre tu salvación y prepara su Corazón para recibirla. Tu palabra dice que creamos en ti y seremos salvados nosotros y nuestra casa. Yo me acojo a esta afirmación divina y declaro salvación para mis hijos. Dame la sabiduría para ser un instrumento de salvación para ellos.

2. QUE VIVAN UNA VIDA LLENA DE AMOR.

Que tus hijos puedan ver en ti que sigues el ejemplo de Cristo viviendo una vida de amor por Dios, por ellos y por los seres humanos. Ora por ellos: Señor, que tu espíritu santo en mis hijos los guíe a vivir una vida llena de amor. Enséñame a mí a vivir de esa manera para inculcarle a mis hijos lo mismo. Danos oportunidades prácticas para vivir una vida de amor.

3. QUE TENGAN CONFIANZA EN EL SEÑOR.

Permite que tus hijos vean cómo tomas decisiones basado en la confianza que tienes en Dios. Enséñales que el hombre más sabio y rico de la tierra, el rey salomón, nos dice que es primordial que confiemos en Dios y no solo apoyarnos en nuestro propio entendimiento. Estudia el capítulo 3 de proverbios e identifica las directrices marcadas por Salomón, y luego incúlcasela a tus hijos. Imprime y coloca en un lugar visible de tu hogar estos versos bíblicos:

"¡Nunca permitas que la lealtad ni la bondad te abandonen! Átalas alrededor de tu cuello como un recordatorio. Escríbelas en lo profundo de tu corazón. Entonces tendrás tanto el favor de Dios como el de la gente, y lograrás una buena reputación.

Confía en el SEÑOR con todo tu corazón; no dependas de tu propio entendimiento. Busca su voluntad en todo lo que hagas, y él te mostrará cuál camino tomar."

4. QUE ADQUIERAN CONTROL PROPIO.

Sé un ejemplo de control propio en tu trato con los demás, con tu conjugue, con tus hijos y todos los que interactúas. Sé un ejemplo de dominio propio con tus palabras, sin dejar que lenguaje grosero salga de tu boca. Mira que controles tus apetitos de comida y vicios para que puedas demostrarles una vida sana. Enséñales a respetar a las autoridades y a no manipular para conseguir lo que quieren. Enséñales a parar antes de hablar o responder. A contar hasta 10 antes de decir algo que se siente negativo en sus corazones, pedir la ayuda a Dios y luego decidir qué hacer. Ora a Dios por ellos así: ayuda a mis hijos a no dejarse llevar por el ejemplo de otros a su alrededor y a saber controlarse al actuar, la hablar y a parar para pensar antes de tomar decisiones.

5. QUE AMEN LA PALABRA DE DIOS.

Permíteles a tus hijos verte leyendo las Sagradas escrituras. Cuando les hables, utiliza las sagradas escrituras para responder sus peguntas. Llévalos a la iglesia y haz una reunión familiar en casa periódicamente para que ellos entiendan que tu relación con Dios es algo personal y no una religión de culto en público. Aprende una manera de estudiar la Biblia que sea mejor para tu situación actual y déjales saber eso a tus hijos. Cómprales una biblia bilingüe, o para jovencitos o para niños de acuerdo a su edad e interés. Ora por ellos: Señor, ayúdame a enseñarles a mis hijos tu palabra de tal manera que ellos la vean como algo preciado, útil, que contesta sus preguntas espirituales y los guía para vivir la vida prácticamente de una manera que te agrada y les trae verdadero éxito y plenitud.

6. QUE TENGAN UNA SANA ESTIMA PROPIA.

Enséñales a tus hijos que su identidad no está en su apellido, en la ciudad donde nacieron, el dinero que tienen en el banco sus padres, el colegio donde se educan o la calle donde viven. Su identidad está en Dios, que es su Padre y, por lo tanto, su vida tiene propósito y significado más allá de las circunstancias o bondades del día de hoy. Enséñales que ellos fueron creados en el vientre de su madre con propósito y que Dios los hizo hermosos a su vista. Ora por ellos: Señor, que mis hijos puedan encontrar su verdadera identidad en ti.

7. QUE PERMANEZCAN EN PUREZA.

En un mundo con tanta oportunidad para el

pecado, enséñales a tus hijos a escoger la pureza. La pureza debe ser un directriz para sus palabras y acciones. Enséñales con tu ejemplo. Cuando llegue el momento adecuado, enséñales que el sexo es hermoso en su tiempo y que, así como sus dientes se transformaron poco a poco en una dentadura de adulto, también de esa manera todo en el cuerpo se va desarrollando hasta que llega a la madurez y la edad adulta. Ora por ellos: Señor crea en mis hijos un corazón puro que sea evidente en todas sus acciones. Purity -- "Create in them a pure heart, O God, and let that purity of heart be shown in their actions." (Ps. 51:10)

Otras características que debemos emular, enseñar y orar para que nuestros hijos las valoren y las adquieran son:

- Respeto
- Misericordia y compasión
- Valentía
- Bondad
- Generosidad
- Perseverancia
- Responsabilidad
- Esperanza
- Gratitud
- Paz
- Felicidad

Mi registro mensual de oración

LAS TRES PETICIONES DE ORACIÓN MÁS IMPORTANTES Y CRÍTICAS:

1	
2	
3	

OTRAS PETICIONES PARA TENER EN CUENTA

PETICIONES DE AMIGOS, FAMILIARES Y MINISTERIO	CUANDO ORARÉ

Guía general de oración

Señor, necesito sabiduría en esto:

Señor, estas son mis necesidades cotidianas:

Señor, oro a ti por mis relaciones:

Señor, quiero recordar tus promesas divinas:

Fecha:

Esta semana leí en la Biblia:

Lunes *Mis peticiones* *Sus respuestas*

Martes *Mis inquietudes* *Sus respuestas*

Miércoles *Mis peticiones* *Sus respuestas*

Jueves *Mis peticiones* *Sus respuestas*

Viernes Mis peticiones — Sus respuestas

Mis peticiones	Sus respuestas
....	....
....	....
....	....

Sábado Mis peticiones — Sus respuestas

Mis peticiones	Sus respuestas
....	....
....	....
....	....

Domingo Mis peticiones — Sus respuestas

Mis peticiones	Sus respuestas
....	....
....	....
....	....

Lecciones aprendidas y momentos de agradecimiento.

....

....

....

....

Fecha:

Esta semana leí en la Biblia:

Lunes *Mis peticiones* *Sus respuestas*

Martes *Mis inquietudes* *Sus respuestas*

Miércoles *Mis peticiones* *Sus respuestas*

Jueves *Mis peticiones* *Sus respuestas*

Viernes

Mis peticiones | Sus respuestas

Sábado

Mis peticiones | Sus respuestas

Domingo

Mis peticiones | Sus respuestas

Lecciones aprendidas y momentos de agradecimiento.

Fecha:

Esta semana leí en la Biblia:

Lunes *Mis peticiones* *Sus respuestas*

....

....

....

Martes *Mis inquietudes* *Sus respuestas*

....

....

....

Miércoles *Mis peticiones* *Sus respuestas*

....

....

....

Jueves *Mis peticiones* *Sus respuestas*

....

....

....

Viernes

Mis peticiones	Sus respuestas
....	....
....	....
....	....

Sábado

Mis peticiones	Sus respuestas
....	....
....	....
....	....

Domingo

Mis peticiones	Sus respuestas
....	....
....	....
....	....

Lecciones aprendidas y momentos de agradecimiento.

....

....

....

....

Fecha:

Esta semana leí en la Biblia:

Lunes *Mis peticiones* *Sus respuestas*

Martes *Mis inquietudes* *Sus respuestas*

Miércoles *Mis peticiones* *Sus respuestas*

Jueves *Mis peticiones* *Sus respuestas*

Viernes

Mis peticiones | Sus respuestas

Sábado

Mis peticiones | Sus respuestas

Domingo

Mis peticiones | Sus respuestas

Lecciones aprendidas y momentos de agradecimiento.

CAPÍTULO 4
La Oración de la persona Emprendedora

Señor, concédeme tener la mentalidad ganadora de una persona emprendedora. Hoy oro para que me concedas ser una persona emprendedora y…

1. VALIENTE

"¡Sé fuerte y valiente! No tengas miedo ni te desanimes, porque el SEÑOR, tu Dios, está contigo dondequiera que vayas"»

Jehová, a Josué en el momento de conquistar. Josué 1: 9

2. AGRADECIDA

"Sean agradecidos en toda circunstancia, pues esta es la voluntad de Dios para ustedes, los que pertenecen a Cristo Jesús."

Apóstol Pablo en la primera carta a los Tesalonicenses.

3. ESFORZADA

«Sé fuerte y valiente y haz el trabajo. No tengas miedo ni te desanimes, porque el SEÑOR Dios, mi Dios, está contigo. Él no te fallará ni te abandonará…»

David, a su hijo Salomón en 1 crónicas 28: 20

4. PRODUCTIVA

«Ciertamente, yo soy la vid; ustedes son las ramas. Los que permanecen en mí y yo en ellos producirán mucho fruto porque, si están separados de mí, no pueden hacer nada.»

Jesús, su deseo para nosotros en Juan 15: 5

5. POSITIVA

"No se preocupen por nada; en cambio, oren por todo. Díganle a Dios lo que necesitan y denle gracias por todo lo que él ha hecho"

Apóstol Pablo en su carta a los filipenses.

6. ESTRATÉGICA

«Ustedes no me eligieron a mí, yo los elegí a ustedes. Les encargué que vayan y produzcan frutos duraderos, así el Padre les dará todo lo que pidan en mi nombre».

Jesús, su propuesta y promesa en Juan 5: 16

7. SOÑADORA

"Así que el faraón dijo a José: «Como Dios te ha revelado el significado de los sueños a ti, es obvio que no hay nadie más sabio e inteligente que tú."

Palabras del Faraón egipcio al soñador José
en Génesis 41:39

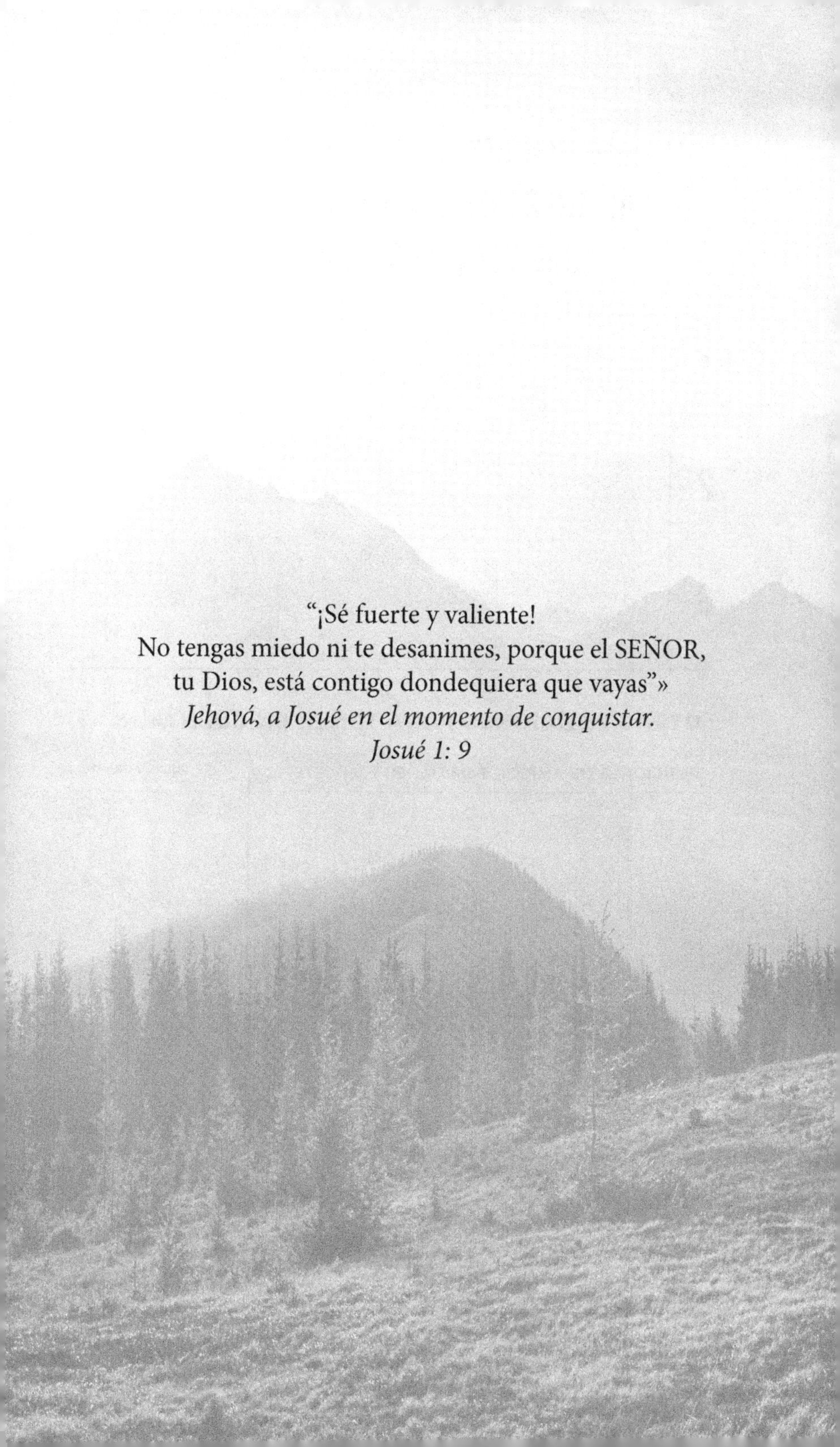

“¡Sé fuerte y valiente!
No tengas miedo ni te desanimes, porque el SEÑOR,
tu Dios, está contigo dondequiera que vayas”»
Jehová, a Josué en el momento de conquistar.
Josué 1: 9

Mi registro mensual de oración

LAS TRES PETICIONES DE ORACIÓN MÁS IMPORTANTES Y CRÍTICAS:

1	
2	
3	

OTRAS PETICIONES PARA TENER EN CUENTA

PETICIONES DE AMIGOS, FAMILIARES Y MINISTERIO	CUANDO ORARÉ

Guía general de oración

Señor, necesito sabiduría en esto:

....

....

....

Señor, estas son mis necesidades cotidianas:

....

....

....

Señor, oro a ti por mis relaciones:

....

....

....

Señor, quiero recordar tus promesas divinas:

....

....

....

Fecha:

Esta semana leí en la Biblia:

Lunes Mis peticiones — Sus respuestas

Mis peticiones	Sus respuestas
....	....
....	....
....	....

Martes Mis inquietudes — Sus respuestas

Mis inquietudes	Sus respuestas
....	....
....	....
....	....

Miércoles Mis peticiones — Sus respuestas

Mis peticiones	Sus respuestas
....	....
....	....
....	....

Jueves Mis peticiones — Sus respuestas

Mis peticiones	Sus respuestas
....	....
....	....
....	....

Viernes

Mis peticiones	*Sus respuestas*

Sábado

Mis peticiones	*Sus respuestas*

Domingo

Mis peticiones	*Sus respuestas*

Lecciones aprendidas y momentos de agradecimiento.

Fecha:

Esta semana leí en la Biblia:

Lunes *Mis peticiones* *Sus respuestas*

Martes *Mis inquietudes* *Sus respuestas*

Miércoles *Mis peticiones* *Sus respuestas*

Jueves *Mis peticiones* *Sus respuestas*

Viernes

Mis peticiones	Sus respuestas

Sábado

Mis peticiones	Sus respuestas

Domingo

Mis peticiones	Sus respuestas

Lecciones aprendidas y momentos de agradecimiento.

Fecha:

Esta semana leí en la Biblia:

Lunes *Mis peticiones* *Sus respuestas*

Martes *Mis inquietudes* *Sus respuestas*

Miércoles *Mis peticiones* *Sus respuestas*

Jueves *Mis peticiones* *Sus respuestas*

Viernes

Mis peticiones	Sus respuestas

Sábado

Mis peticiones	Sus respuestas

Domingo

Mis peticiones	Sus respuestas

Lecciones aprendidas y momentos de agradecimiento.

Fecha:

Esta semana leí en la Biblia:

Lunes *Mis peticiones* *Sus respuestas*

Martes *Mis inquietudes* *Sus respuestas*

Miércoles *Mis peticiones* *Sus respuestas*

Jueves *Mis peticiones* *Sus respuestas*

Viernes Mis peticiones — Sus respuestas

Sábado Mis peticiones — Sus respuestas

Domingo Mis peticiones — Sus respuestas

Lecciones aprendidas y momentos de agradecimiento.

CAPÍTULO 5
La Oración de la Mujer Positiva

"No se preocupen por nada; en cambio, oren por todo. Díganle a Dios lo que necesitan y denle gracias por todo lo que él ha hecho. Así experimentarán la paz de Dios, que supera todo lo que podemos entender. La paz de Dios cuidará su corazón y su mente mientras vivan en Cristo Jesús." Filipenses 4:6-7 (NTV)

Mientras pasaba por un momento de crisis personal, buscaba encontrar paz para mi alma, curar la ansiedad que me azotaba y avanzar en el camino por amor a mi familia. No podía quedarme estancada en los sentimientos que este momento de crisis me traían. Entendí que, en ese momento, no podía solo vivir de conocimiento, necesitaba ser proactiva y disciplinada para poder actuar cada día en favor de mi salud mental y espiritual de manera que pudiera ver los hechos y situaciones basada en el conocimiento del amor de Dios por mí y mi familia, y no en lo que mis ojos veían en el momento y lo que mi mente manejada por el temor me insistía en concluir.

Es así como el Señor me llevó a realizar una oración adicional y especial todos los días como parte de mi disciplina espiritual. La estoy compartiendo contigo para que puedas tú también guiarte en medio de la crisis que estés pasando y luego puedas adquirir hábitos espirituales que te fortalecerán para sobrellevar lo que enfrentas hoy.

Esta oración es lo que decidí hacer, basándome en el texto bíblico de Filipenses 4: 6 – 7 (NTV) que nos dirige así:

1. En lugar de preocuparme por todo – debo orar por todo
2. Cuando necesito algo, le pido a Dios
3. Cada día darle Gracias a Dios en todo
4. Permitir que la paz de Dios cuide mi corazón

Así, en mi oración, tomaba los siguientes pasos:

1. Le daba gracias a Dios por su amor, algo que siempre tengo y en lo que puedo confiar que es un regalo eterno para mí. En este paso te invito a que inundes tu ser de la emoción positiva más poderosa del universo: el amor.
2. Luego miraba a mi día anterior y le daba gracias a Dios por lo que yo estaba agradecida. Al hacer esto, vas a experimentar todos los días la emoción positiva que hace girar la rueda de todas las otras emociones positivas, causando el efecto de un círculo virtuoso interno: el agradecimiento.
3. Después le pedía perdón y perdonaba a las personas que vinieran a mi mente, personas que tal vez sentía que me habían abandonado en mi proceso o que me habían fallado. Esto es necesario para poder experimentar paz interior.
4. Y, por último, le llevaba a Dios mis deseos y necesidades en oración.

Mi oración también incluía elementos de acción.

Estos elementos vienen de la segunda parte del texto bíblico que nos dice en que debemos concentrar nuestros pensamientos cuando las preocupaciones intentan gobernar nuestras vidas, dice así Filipenses 4: 8 (NTV)

"Concéntrense en todo lo que es verdadero, todo lo honorable, todo lo justo, todo lo puro, todo lo bello y todo lo admirable. Piensen en cosas excelentes y dignas de alabanza"

Decidí que algo bueno que podía hacer todos los días era tomar la decisión que soñaría con cosas puras, bellas y que pensaría en cosas excelentes y me dedicaría a ellas.

Fue así como construí la segunda parte de mi oración que también enseñé a mis hijos y que orábamos juntos al ir a la escuela:

1. Le llevé al señor mis sueños. Cerraba los ojos y soñaba en su presencia.
2. Le prometía concentrarme en mis sueños ese día, y decía en la oración, "señor esto es lo que haré en favor de mi sueño hoy".
3. Recordaba que todo esto lo podía hacer porque tengo la bendición de Dios por medio de Abraham, nuestro padre de la fe y por medio de Jesús nuestro Señor y Salvador.

Tengo la satisfacción de decirte que mi vida ha cambiado positivamente desde que encontré esta manera de disciplinar mi mente con estos siete pasos, que son necesarios tomar cada día. Y la mejor manera de hacerlo es con nuestro Señor en oración y en compañía de nuestros hijos.

Mi registro mensual de oración

LAS TRES PETICIONES DE ORACIÓN MÁS IMPORTANTES Y CRÍTICAS:

1	
2	
3	

OTRAS PETICIONES PARA TENER EN CUENTA

PETICIONES DE AMIGOS, FAMILIARES Y MINISTERIO	CUANDO ORARÉ

Guía general de oración

Señor, necesito sabiduría en esto:

Señor, estas son mis necesidades cotidianas:

Señor, oro a ti por mis relaciones:

Señor, quiero recordar tus promesas divinas:

Fecha:

Esta semana leí en la Biblia:

Lunes *Mis peticiones* *Sus respuestas*

Martes *Mis inquietudes* *Sus respuestas*

Miércoles *Mis peticiones* *Sus respuestas*

Jueves *Mis peticiones* *Sus respuestas*

Viernes Mis peticiones — Sus respuestas

Sábado Mis peticiones — Sus respuestas

Domingo Mis peticiones — Sus respuestas

Lecciones aprendidas y momentos de agradecimiento.

Fecha:

Esta semana leí en la Biblia:

Lunes *Mis peticiones* *Sus respuestas*

....

....

....

Martes *Mis inquietudes* *Sus respuestas*

....

....

....

Miércoles *Mis peticiones* *Sus respuestas*

....

....

....

Jueves *Mis peticiones* *Sus respuestas*

....

....

....

Viernes Mis peticiones — Sus respuestas

Sábado Mis peticiones — Sus respuestas

Domingo Mis peticiones — Sus respuestas

Lecciones aprendidas y momentos de agradecimiento.

Fecha:

Esta semana leí en la Biblia:

Lunes

Mis peticiones	*Sus respuestas*
....	....
....	....
....	....

Martes

Mis inquietudes	*Sus respuestas*
....	....
....	....
....	....

Miércoles

Mis peticiones	*Sus respuestas*
....	....
....	....
....	....

Jueves

Mis peticiones	*Sus respuestas*
....	....
....	....
....	....

Viernes

Mis peticiones	Sus respuestas

Sábado

Mis peticiones	Sus respuestas

Domingo

Mis peticiones	Sus respuestas

Lecciones aprendidas y momentos de agradecimiento.

Fecha:

Esta semana leí en la Biblia:

Lunes *Mis peticiones* *Sus respuestas*

....

....

....

Martes *Mis inquietudes* *Sus respuestas*

....

....

....

Miércoles *Mis peticiones* *Sus respuestas*

....

....

....

Jueves *Mis peticiones* *Sus respuestas*

....

....

....

Viernes Mis peticiones — Sus respuestas

Sábado Mis peticiones — Sus respuestas

Domingo Mis peticiones — Sus respuestas

Lecciones aprendidas y momentos de agradecimiento.

CAPÍTULO 6
Orando utilizando las Sagradas Escrituras

Este es un ejemplo de cómo orar basándonos en las Sagradas escrituras.

El texto que utilizaremos es Filipenses 4: 4–7

"Estén siempre llenos de alegría en el Señor. Lo repito, ¡alégrense! Que todo el mundo vea que son considerados en todo lo que hacen. Recuerden que el Señor vuelve pronto.

No se preocupen por nada; en cambio, oren por todo. Díganle a Dios lo que necesitan y denle gracias por todo lo que él ha hecho. Así experimentarán la paz de Dios, que supera todo lo que podemos entender. La paz de Dios cuidará su corazón y su mente mientras vivan en Cristo Jesús".

ORACIÓN:

Padre Celestial, me lleno de alegría en ti siempre. Lo repito nuevamente: ¡contigo estoy alegre!

Te ruego que me ayudes para que el mundo pueda

ver mi gentileza, porque sé que esta gentileza procede del poder de tu Espíritu Santo.

Deseo ser considerada con las personas en todas mis actividades ya sean de trabajo, diversión y de ministerio.

Señor, sé que tu venida está cerca. Aun hoy sé que tú estás conmigo, que nunca me abandonas.

Señor, hoy decido que no me preocuparé por nada porque oro por todo lo que necesito, recordando en gratitud todo lo que ya has hecho en mi favor. Por Nada me preocupo y Todo a ti traigo en oración. Y, Señor, recibo tu paz. Esa paz que sobrepasa todo entendimiento. Y sé que al hacer esto, tú cuidas mi corazón y mi mente del temor y la angustia. Coloco mis pensamientos en Cristo Jesús y me libero de los afanes y ansiedades de este día.

En el poderoso nombre de tu Hijo Jesucristo, te lo ruego. Amén.

Si utilizas esta manera de orar de manera regular, pronto encontrarás muchas oraciones que crearás por medio de las palabras de las Sagradas escrituras.

En tu momento devocional, si un verso te causa una sensación de paz o sientes que Dios te ha hablado por medio de un verso, recítalo en forma de oración a Dios y repítelo a ti misma como confirmación de que Dios te está guiando por medio de Su palabra, ya sea que ores por una petición personal o en favor de otra persona.

Esto puede transformar la forma en que te comunicas con Dios y meditas en las Sagradas Escrituras. Orar es hablar con Dios, tú llegas con tu petición y Su palabra te da la respuesta de cómo orar, qué esperar o qué pedir de acuerdo a sus promesas.

Si nunca antes habías orado utilizando las Sagradas Escrituras, inténtalo. Te sorprenderás de ver cómo cambia tu tiempo con Dios y te llena de poder a la hora de orar de acuerdo a la voluntad de Dios en Su palabra.

Mi registro mensual de oración

LAS TRES PETICIONES DE ORACIÓN MÁS IMPORTANTES Y CRÍTICAS:

1	
2	
3	

OTRAS PETICIONES PARA TENER EN CUENTA

PETICIONES DE AMIGOS, FAMILIARES Y MINISTERIO	CUANDO ORARÉ

Guía general de oración

Señor, necesito sabiduría en esto:

Señor, estas son mis necesidades cotidianas:

Señor, oro a ti por mis relaciones:

Señor, quiero recordar tus promesas divinas:

Fecha:

Esta semana leí en la Biblia:

Lunes

Mis peticiones | *Sus respuestas*

Martes

Mis inquietudes | *Sus respuestas*

Miércoles

Mis peticiones | *Sus respuestas*

Jueves

Mis peticiones | *Sus respuestas*

Viernes Mis peticiones — Sus respuestas

Sábado Mis peticiones — Sus respuestas

Domingo Mis peticiones — Sus respuestas

Lecciones aprendidas y momentos de agradecimiento.

Fecha:

Esta semana leí en la Biblia:

Lunes *Mis peticiones* *Sus respuestas*

Martes *Mis inquietudes* *Sus respuestas*

Miércoles *Mis peticiones* *Sus respuestas*

Jueves *Mis peticiones* *Sus respuestas*

Viernes — *Mis peticiones* | *Sus respuestas*

Sábado — *Mis peticiones* | *Sus respuestas*

Domingo — *Mis peticiones* | *Sus respuestas*

Lecciones aprendidas y momentos de agradecimiento.

Fecha:

Esta semana leí en la Biblia:

Lunes *Mis peticiones* *Sus respuestas*

Martes *Mis inquietudes* *Sus respuestas*

Miércoles *Mis peticiones* *Sus respuestas*

Jueves *Mis peticiones* *Sus respuestas*

Viernes

Mis peticiones | Sus respuestas

Sábado

Mis peticiones | Sus respuestas

Domingo

Mis peticiones | Sus respuestas

Lecciones aprendidas y momentos de agradecimiento.

Fecha:

Esta semana leí en la Biblia:

Lunes *Mis peticiones* *Sus respuestas*

Martes *Mis inquietudes* *Sus respuestas*

Miércoles *Mis peticiones* *Sus respuestas*

Jueves *Mis peticiones* *Sus respuestas*

Viernes Mis peticiones — Sus respuestas

Sábado Mis peticiones — Sus respuestas

Domingo Mis peticiones — Sus respuestas

Lecciones aprendidas y momentos de agradecimiento.

CAPÍTULO 7

Orando por mi Esposo

Dios siempre va ocupar el primer lugar en nuestras vidas, pero la segunda persona más importante en nuestras vidas es nuestro esposo. Nuestro amor se verá reflejado en todo lo que hacemos con él y para él, y una de las muestras de amor más grande es la oración. Si amamos a nuestros esposos, debemos orar por ellos. Ellos son la extensión del amor y el carácter de Dios en nuestra casa.

Hay algunos aspectos en la vida del hombre que tenemos que cubrir en oración. Hoy te invito a orar de acuerdo con lo que dice la palabra de Dios.

1. DEBEMOS PEDIR QUE DIOS LES DE LA FUERZA PARA LIDERAR NUESTRO HOGAR.

Sé fuerte y muy valiente. Ten cuidado de obedecer todas las instrucciones que Moisés te dio. No te desvíes de ellas ni a la derecha ni a la izquierda. Entonces te irá bien en todo lo que hagas. (**Josué 1:7**)

Muchas veces la obligaciones y compromisos hacen que pasemos menos tiempo en casa. Es importante organizarse y ser intencionales, pero hay casos donde se complican los horarios. De ser así, pidamos que Dios les permita tener tiempo para conocer a su familia.

Yo soy el buen pastor; conozco a mis ovejas, y ellas me conocen a mí. (**Juan 10:14**)

A veces los hombres callan sus problemas y sienten menos motivación por el cansancio. También debemos pedir con pasión para manejen su hogar.

Debe dirigir bien a su propia familia, y que sus hijos lo respeten y lo obedezcan. (**1 Timoteo 3:4**)

2. TAMBIÉN DEBEMOS PEDIR QUE DIOS BENDIGA SU TRABAJO.

El señor nos dijo que conocerán a sus seguidores por sus frutos. En la Biblia, José brilló y sobresalió porque fue excelente en su trabajo. Honraba a Dios con todo lo que hacía, era un hombre de testimonio.

«Permite que tus siervos te veamos obrar otra vez, que nuestros hijos vean tu gloria. Y que el Señor nuestro Dios nos dé su aprobación y haga que nuestros esfuerzos prosperen. Sí, ¡haz que nuestros esfuerzos prosperen!» **Salmos 90:16-17**

3. DEBEMOS PEDIR QUE NUESTRO ESPOSO SEA UN BUEN ADMINISTRADOR DEL DINERO Y TODO LO QUE POSEEMOS.

Todos los recursos que tenemos vienen de la mano de Dios, a través de los dones que puso en nosotros y los trabajos que él nos dio; es por eso que debemos pedir que nuestro esposo sea un buen administrador. Los principios de la Biblia no solo nos dictan qué le agrada a Dios, sino que nos dan el norte para dar frutos y multiplicar lo que Él nos da:

«No almacenes tesoros aquí en la tierra, donde las polillas se los comen y el óxido los destruye, y donde los ladrones entran y roban. Almacena tus tesoros en el cielo, donde las polillas y el óxido no pueden destruir, y los ladrones no entran a robar. Donde esté tu tesoro, allí estarán también los deseos de tu corazón.» **Mateo 6: 19-21**

«Entonces, si no son confiables con las riquezas mundanas, ¿quién les confiará las verdaderas riquezas del cielo?; y si no son fieles con las cosas de otras personas, ¿por qué se les debería confiar lo que es de ustedes?

Nadie puede servir a dos amos. Pues odiará a uno y amará al otro; será leal a uno y despreciará al otro. No se puede servir a Dios y estar esclavizado al dinero.»
Lucas 16: 11-13

4. PIDAMOS QUE NUESTRO ESPOSO AME A DIOS CON TODO SU CORAZÓN, ALMA, MENTE Y FUERZAS.

Todos somos humanos, tenemos luchas, tentaciones y defectos. Nuestra naturaleza de por sí está propensa a la caída, es por eso que debemos orar porque el temor de Dios guíe el andar de nuestros esposos y lo aleje del mal.

«Ama al Señor tu Dios con todo tu corazón, con toda tu alma, con toda tu mente y con todas tus fuerzas".»
Marcos 12:30

«¡Ustedes, los que aman al Señor, odien el mal! Él protege la vida de sus justos y los rescata del poder de los perversos.» **Salmos 97:10**

5. PIDAMOS QUE ÉL SEA LENTO PARA ENOJARSE.

Si bien es cierto, a veces esperamos mucho de nuestros esposos, sobre todo en el carácter. Es nuestro deber orar para que el carácter de Cristo se vea reflejado en nuestro esposo:

«Mis amados hermanos, quiero que entiendan lo siguiente: todos ustedes deben ser rápidos para escuchar, lentos para hablar y lentos para enojarse.» **Santiago 1:19**

6. DEBEMOS PEDIR QUE DIOS LE PROTEJA.

Amamos a nuestros esposos, y nos encantaría pasar mucho tiempo a su lado, pero, para que eso suceda, debemos cubrir su vida para que Dios lo cuide, que guarde su integridad física, su corazón y su mente:

«¡Qué alegría hay para los que tratan bien a los pobres!
El Señor los rescata cuando están en apuros.
El Señor los protege y los mantiene con vida;
los prospera en la tierra y los rescata de sus enemigos.
El Señor los atiende cuando están enfermos y les devuelve la salud.» **Salmos 41: 1-3**

«No te pido que los quites del mundo, sino que los protejas del maligno.» **Juan 17:15**

«Pero el Señor es fiel; él los fortalecerá y los protegerá del maligno.» **2 Tesalonicenses 3:3**

7. DEBEMOS PEDIR QUE TENGAN EL DESEO DE SER MAESTROS Y COACHES DE VIDA DE NUESTROS HIJOS Y MODELAR UN ESTILO DE VIDA QUE AGRADA A DIOS.

Ellos serán la representación del Padre en nuestra casa, de ellos debe salir la intención de seguir a Dios y los principios de la Biblia. Nuestro esposo es el pastor de nuestra familia. No siempre va tener las ganas de liderarnos, por eso, debemos pedir que su corazón arda en ese deseo y pasión para guiar a nuestros hijos.

«Pues emitió sus leyes a Jacob; entregó sus enseñanzas a Israel. Les ordenó a nuestros antepasados que se las enseñaran a sus hijos, para que la siguiente generación las conociera —incluso los niños que aún no habían nacido—, y ellos, a su vez, las enseñarán a sus propios hijos. De modo que cada generación volviera a poner su esperanza en Dios y no olvidara sus gloriosos milagros, sino que obedeciera sus mandamientos.» **Salmos 78: 5-7**

8. PIDAMOS QUE DIOS LE INSTRUYA Y LE DIRIJA EN EL CAMINO QUE DEBE ANDAR EN LAS DECISIONES DEL DÍA A DÍA.

Solo la dirección de Dios nos llevará a buen puerto. Mientras la guía sea clara, las decisiones estarán tomadas incluso antes de la adversidad. Oremos para que Dios le hable a nuestro esposo y le permita tomar decisiones, a pesar de los momentos difíciles.

«El Señor dice: «Te guiaré por el mejor sendero para tu vida; te aconsejaré y velaré por ti.» **Salmos 32:8**

«Pues Dios no es Dios de desorden sino de paz, como en todas las reuniones del pueblo santo de Dios.»
1 Corintios 14:33

«La honestidad guía a la gente buena; la deshonestidad destruye a los traicioneros.» **Proverbios 11:3**

9. PIDAMOS QUE ÉL PUEDA TENER UNA VIDA DE DEVOCIÓN A DIOS.

Las desmotivaciones vienen, y las distracciones también. Si dejamos de buscar de Dios, seremos sacudidos por los problemas e incluso por nuestra propia mente. Pidamos a Dios que llene de pasión, fuego y fuerza para que nuestro esposo lo busque con todo su ser. Por más defectos que tengamos, esa pasión, ese fuego, lo acercará a Dios y siempre habrá un temor reverente.

«Qué alegría para los que
no siguen el consejo de malos,
ni andan con pecadores,
ni se juntan con burlones,
sino que se deleitan en la ley del Señor
meditando en ella día y noche.
Son como árboles plantados a la orilla de un río,
que siempre dan fruto en su tiempo.
Sus hojas nunca se marchitan,
y prosperan en todo lo que hacen.» **Salmos 1: 1-3**

«...Y corramos con perseverancia la carrera que Dios nos ha puesto por delante. Esto lo hacemos al fijar la mirada en Jesús, el campeón que inicia y perfecciona nuestra fe. Debido al gozo que le esperaba, Jesús soportó la cruz, sin importarle la vergüenza que esta representaba. Ahora está sentado en el lugar de honor, junto al trono de Dios.» **Hebreos 12: 1-2**

10. DIOS PONGA EN SU CAMINO GENTE QUE LO EDIFIQUE, QUE VAYA EN LA MISMA DIRECCIÓN QUE NOSOTRAS.

Que tenga citas divinas y pueda hacer amistades que traigan bendición para su vida y para toda la familia. De esa manera, encontrará fortaleza en esas amistades y se sentirá siempre renovado.

«Pónganse la nueva naturaleza, creada para ser a la semejanza de Dios, quien es verdaderamente justo y santo.

Así que dejen de decir mentiras. Digamos siempre la verdad a todos porque nosotros somos miembros de un mismo cuerpo.» **Efesios 4:24-25**

«Pensemos en maneras de motivarnos unos a otros a realizar actos de amor y buenas acciones.» **Hebreos 10:24**

Mi registro mensual de oración

LAS TRES PETICIONES DE ORACIÓN MÁS IMPORTANTES Y CRÍTICAS:

1	
2	
3	

OTRAS PETICIONES PARA TENER EN CUENTA

PETICIONES DE AMIGOS, FAMILIARES Y MINISTERIO	CUANDO ORARÉ

Guía general de oración

Señor, necesito sabiduría en esto:

....

....

....

Señor, estas son mis necesidades cotidianas:

....

....

....

Señor, oro a ti por mis relaciones:

....

....

....

Señor, quiero recordar tus promesas divinas:

....

....

....

Fecha:

Esta semana leí en la Biblia:

Lunes *Mis peticiones* *Sus respuestas*

Martes *Mis inquietudes* *Sus respuestas*

Miércoles *Mis peticiones* *Sus respuestas*

Jueves *Mis peticiones* *Sus respuestas*

Viernes

Mis peticiones | Sus respuestas

Sábado

Mis peticiones | Sus respuestas

Domingo

Mis peticiones | Sus respuestas

Lecciones aprendidas y momentos de agradecimiento.

Fecha:

Esta semana leí en la Biblia:

Lunes Mis peticiones — *Sus respuestas*

Martes Mis inquietudes — *Sus respuestas*

Miércoles Mis peticiones — *Sus respuestas*

Jueves Mis peticiones — *Sus respuestas*

Viernes

Mis peticiones	Sus respuestas
....	....
....	....
....	....

Sábado

Mis peticiones	Sus respuestas
....	....
....	....
....	....

Domingo

Mis peticiones	Sus respuestas
....	....
....	....
....	....

Lecciones aprendidas y momentos de agradecimiento.

....

....

....

....

Fecha:

Esta semana leí en la Biblia:

Lunes *Mis peticiones* *Sus respuestas*

Martes *Mis inquietudes* *Sus respuestas*

Miércoles *Mis peticiones* *Sus respuestas*

Jueves *Mis peticiones* *Sus respuestas*

Viernes

Mis peticiones	Sus respuestas

Sábado

Mis peticiones	Sus respuestas

Domingo

Mis peticiones	Sus respuestas

Lecciones aprendidas y momentos de agradecimiento.

Fecha:

Esta semana leí en la Biblia:

Lunes *Mis peticiones* *Sus respuestas*

....

....

....

Martes *Mis inquietudes* *Sus respuestas*

....

....

....

Miércoles *Mis peticiones* *Sus respuestas*

....

....

....

Jueves *Mis peticiones* *Sus respuestas*

....

....

....

Viernes Mis peticiones — *Sus respuestas*

Sábado Mis peticiones — *Sus respuestas*

Domingo Mis peticiones — *Sus respuestas*

Lecciones aprendidas y momentos de agradecimiento.

CAPÍTULO 8

Orando por mí como Esposa

Es igual de importante orar por nosotras como esposas, que podamos estar llenas de amor, ternura y hacer que nuestros hogares tengan color y que Dios nos conceda los elementos que enamoran a nuestro esposo. Por eso, debemos cubrirnos a nosotras mismas en oración. Las luchas de los esposos y esposas son diferentes, estos son algunos de los aspectos por los que debemos orar por ti misma:

1. Pidamos que puedas conocer la voluntad de Dios para tu vida y así dar fruto en toda buena obra.

Que nuestra vida agrade siempre a Dios, que nuestras amigas vean la luz del Señor en todo lo que hacemos, que la gracia del Padre sea evidente en nuestra vida a través del fruto de nuestras manos.

«Así que, desde que supimos de ustedes, no dejamos de tenerlos presentes en nuestras oraciones. Le pedimos a Dios que les dé pleno conocimiento de su voluntad y que les conceda sabiduría y comprensión espiritual. Entonces la forma en que vivan siempre honrará y agradará al Señor, y sus vidas producirán toda clase de buenos frutos. Mientras tanto, irán creciendo a medida que aprendan a conocer a Dios más y más.» **Colosenses 1:9-10**

2. Pidamos que nos mantengamos saludable y que Dios nos dé mucho vigor.

La sanidad viene de Dios, pero la salud es responsabilidad nuestra. Que Dios nos cubra con salud y sanidad, en caso de sentir alguna molestia. Que Dios nos pueda mostrar que cosas cambiar o mejorar en el cuidado personal y de la salud. Esto también es de testimonio y tener temor de Dios para cuidar de nuestros cuerpos.

«¿Acaso nunca han oído?
¿Nunca han entendido?
El Señor es el Dios eterno,
el Creador de toda la tierra.
Él nunca se debilita ni se cansa;
nadie puede medir la profundidad de su entendimiento.
Él da poder a los indefensos
y fortaleza a los débiles.
Hasta los jóvenes se debilitan y se cansan,
y los hombres jóvenes caen exhaustos.
En cambio, los que confían en el Señor encontrarán nuevas fuerzas;
volarán alto, como con alas de águila.
Correrán y no se cansarán;
caminarán y no desmayarán.» **Isaías 40:28-31**

3. Pidamos que Dios nos haga libre de preocupaciones y culpa por cosas que están fuera de nuestro control.

La mayoría de las mujeres solemos preocuparnos mucho por las cosas. Esto sucede porque la mujer ve otros detalles que el hombre no ve, es el defecto de su don, de su visión. Por eso, debemos pedir por paz para nosotras, y que podamos descansar en Dios y sus promesas.

«Por eso les digo que no se preocupen por la vida diaria, si tendrán suficiente alimento y bebida, o suficiente ropa para vestirse. ¿Acaso no es la vida más que la comida y el cuerpo más que la ropa?» **Mateo 6:25**

4. Pidamos que podamos realizar las tareas de este día con facilidad y producir mucho.

Que Dios nos dé la sabiduría para que usemos el tiempo eficientemente y con resultados óptimos. Que podamos administrar el tiempo y el trabajo de nuestras manos sabiamente para que poder terminar todo lo que nos propusimos realizar en el día, y que esto nos dé satisfacción al corazón.

«Que nuestro Señor Jesucristo mismo y Dios nuestro Padre, quien nos amó y por su gracia nos dio consuelo eterno y una esperanza maravillosa, los conforten y fortalezcan en todo lo bueno que ustedes hagan y digan.» **2 Tesalonicenses 2:16-17**

«Finalmente, amados hermanos, les pedimos que oren por nosotros. Oren para que el mensaje del Señor se difunda rápidamente y sea honrado en todo lugar adonde llegue, así como cuando les llegó a ustedes. Oren, también, para que seamos rescatados de gente perversa y mala, porque no todos son creyentes. Pero el Señor es fiel; él los fortalecerá y los protegerá del maligno. Además, confiamos en el Señor que ustedes hacen y seguirán haciendo lo que les ordenamos.» 2 **Tesalonicenses 3:1-4**

5. Pidamos que Dios nos proporcione una mentora espiritual. Una amiga que nos guíe y dirija en las cosas que no conocemos bien.

Que esta persona pueda compartir con nosotras y nos muestre desde su perspectiva las cosas que podemos mejorar. Que pueda andar con gente sabia para hacerme más sabia.

«De manera similar, enseña a las mujeres mayores a vivir de una manera que honre a Dios. No deben calumniar a nadie ni emborracharse. En cambio, deberían enseñarles a otros lo que es bueno. Esas mujeres mayores tienen que instruir a las más jóvenes a amar a sus esposos y a sus hijos, a vivir sabiamente y a ser puras, a trabajar en su hogar, a hacer el bien y a someterse a sus esposos. Entonces no deshonrarán la palabra de Dios.» **Tito 2:3-5**

6. Pidamos que nuestras relaciones no nos contaminen el corazón y la conducta con cosas que no traen provecho y que podrían manchar nuestro testimonio.

Que nuestras virtudes sobresalgan por encima de las malas actitudes de quienes nos rodean y que a través de eso Dios manifieste su presencia.

«El chismoso anda por ahí ventilando secretos,
así que no andes con los que hablan de más.»
Proverbios 20:19

«De la misma manera, sus esposas deben ser dignas de respeto y no calumniar a nadie. Deben tener control propio y ser fieles en todo lo que hagan.» **1 Timoteo 3:11**

7 Pidamos que Dios nos dé el discernimiento y proteja de los que la quieren engañarnos.

Que Dios nos guarda de decidir de forma emocional, que nuestras decisiones y acciones no sean apresuradas, sino que el temor de Dios marque la ruta que debemos seguir. Que nuestro Padre celestial siempre susurre a nuestros oídos y prevea de cualquier ataque o potencial peligro para nuestra vida, mente y corazón. Que nada nos haga dudar y que siempre nos mantengamos firme.

«Ahora bien, no fue Adán el engañado por Satanás; la mujer fue la engañada y la consecuencia fue el pecado.»

1 Timoteo 2:14

«Si necesitan sabiduría, pídansela a nuestro generoso Dios, y él se la dará; no los reprenderá por pedirla. Cuando se la pidan, asegúrense de que su fe sea solamente en Dios, y no duden, porque una persona que duda tiene la lealtad dividida y es tan inestable como una ola del mar que el viento arrastra y empuja de un lado a otro. Esas personas no deberían esperar nada del Señor; su lealtad está dividida entre Dios y el mundo, y son inestables en todo lo que hacen.»

Santiago1:5-8

Mi registro mensual de oración

LAS TRES PETICIONES DE ORACIÓN MÁS IMPORTANTES Y CRÍTICAS:

1	
2	
3	

OTRAS PETICIONES PARA TENER EN CUENTA

PETICIONES DE AMIGOS, FAMILIARES Y MINISTERIO	CUANDO ORARÉ

Guía general de oración

Señor, necesito sabiduría en esto:

Señor, estas son mis necesidades cotidianas:

Señor, oro a ti por mis relaciones:

Señor, quiero recordar tus promesas divinas:

Fecha:

Esta semana leí en la Biblia:

Lunes *Mis peticiones* *Sus respuestas*

Martes *Mis inquietudes* *Sus respuestas*

Miércoles *Mis peticiones* *Sus respuestas*

Jueves *Mis peticiones* *Sus respuestas*

Viernes Mis peticiones — Sus respuestas

Sábado Mis peticiones — Sus respuestas

Domingo Mis peticiones — Sus respuestas

Lecciones aprendidas y momentos de agradecimiento.

Fecha:

Esta semana leí en la Biblia:

Lunes *Mis peticiones* *Sus respuestas*

....

....

....

Martes *Mis inquietudes* *Sus respuestas*

....

....

....

Miércoles *Mis peticiones* *Sus respuestas*

....

....

....

Jueves *Mis peticiones* *Sus respuestas*

....

....

....

Viernes

Mis peticiones	Sus respuestas

Sábado

Mis peticiones	Sus respuestas

Domingo

Mis peticiones	Sus respuestas

Lecciones aprendidas y momentos de agradecimiento.

Fecha:

Esta semana leí en la Biblia:

Lunes *Mis peticiones* *Sus respuestas*

Martes *Mis inquietudes* *Sus respuestas*

Miércoles *Mis peticiones* *Sus respuestas*

Jueves *Mis peticiones* *Sus respuestas*

Viernes

Mis peticiones	Sus respuestas

Sábado

Mis peticiones	Sus respuestas

Domingo

Mis peticiones	Sus respuestas

Lecciones aprendidas y momentos de agradecimiento.

Fecha:

Esta semana leí en la Biblia:

Lunes *Mis peticiones* *Sus respuestas*

Martes *Mis inquietudes* *Sus respuestas*

Miércoles *Mis peticiones* *Sus respuestas*

Jueves *Mis peticiones* *Sus respuestas*

Viernes Mis peticiones — Sus respuestas

Sábado Mis peticiones — Sus respuestas

Domingo Mis peticiones — Sus respuestas

Lecciones aprendidas y momentos de agradecimiento.

CAPÍTULO 9

Oración de Jabes

Vamos a estar estudiando una oración que se encuentra en Palabra de Dios. Es importante porque, si queremos tener una vida de devoción a Dios, una vida en que conocemos al Señor, una vida como decía David, que no nos sintamos que vivimos una vida seca y vacía, entonces necesitamos el agua viva, necesitamos tener una relación con Dios. A veces podemos utilizar ejemplos bíblicos para nosotros, guiarnos en nuestra oración diaria. Y un ejemplo que nosotros podemos utilizar como guía, cuando estamos orando a Dios, es la oración de Jabes.

La oración de Jabes es conocida sobre todo porque hay un libro de Bruce Wilkerson que habla solo sobre la oración. Nosotros vamos a tomar algunos puntos de esta oración porque yo considero que hay una razón por la cual esta fue efectiva para este hombre. ¿Quién fue este hombre? Lo encontramos en 1ª de Crónicas 4 versículo 9 al 10 y dice así:

"Había un hombre llamado Jabes, quien fue más honorable que cualquiera de sus hermanos. Su madre le puso por nombre Jabes porque su nacimiento le causó mucho dolor. Él fue quien oró a Dios de Israel diciendo"

La historia cuenta que había un hombre que se llamaba Jabes. Después de haber de haber orado, llegó a ser un hombre honorable. Entendemos que Jabes aquí dice que su madre le puso por nombre Jabes porque su nacimiento le causó mucho dolor y luego esto fue lo que él oró:

"*Si me bendijeras y extendiera mi territorio, te ruego que estés conmigo en todo lo que haga y líbrame de toda dificultad que me cause dolor. Y Dios le concedió lo que pidió*"

Vemos que Dios le concedió a Jabes lo que le pidió. ¡Es hermoso!

Entonces, la historia dice que este hombre comenzó su vida con dolor. Su vida comenzó causándole dolor a su madre, y también que todo el mundo le llamaba "dolor" porque ese era el significado de su nombre. Nosotros podemos comenzar nuestras vidas como Jabes, tal vez causándole dolor a nuestras madres y nuestras madres maldiciendo el día que nacimos por el dolor que le causamos al nacer.

Él dijo "Me causaste dolor". Muchas personas han pasado por ese sentimiento de rechazo de sus propias madres. A veces vamos a las escuelas y las personas deciden llamarnos con ciertos nombres. Esas etiquetas se convierten en la identidad de la persona, pero vemos que Jabes llegó a convertirse en un hombre honorable, más honorable que cualquiera de sus hermanos,

Lo primero que yo saco de aquí es que nosotros podemos pedirle a Dios Señor si yo quiero ser una persona honorable o si yo quiero ser un hombre o mujer como Daniel, como José o todos estos hombres.

Si buscamos el significado de la palabra honorable, encontramos que es una persona eminente, noble y distinguida. Yo pienso que cuando Dios está con nosotros, podemos distinguirnos en lo que hacemos. Nosotros podemos pedir a Dios el ser nobles, eminentes, así como José o Daniel. Estas son las personas que vienen a mi mente cuando pienso en personas que sobresalieron en su época. Entonces, nosotros podemos decir: "Señor, yo quiero ser como ellos, quiero ser como Daniel, yo quiero ser como esas personas que sobresalieron". Y Dios contestó esta oración diciendo: "No hay nada de malo con pedir esto".

También podemos pedirle al Señor "Señor, yo sé que mi comienzo no fue bueno. He tenido etiquetas en mi vida, pero yo quiero que tú cambies mi nombre". Y esto comienza cuando le pedimos a Dios que nos bendiga.

Lo primero que le pidió fue bendición. ¿Qué es bendición? Bendición es colmar de bien y bienes a alguien. Eso es bendecir, bendecir es decir bien y también colmar de bienes, hacer que esa persona prospere. Hablar de tal manera que esa persona va a prosperar y que ser bendecido. En la Biblia, ¿cómo describe Dios a una persona bendecida? Puede leer el capítulo de

Deuteronomio 32 en la Nueva Traducción Viviente los versículos del 9 al 14, cuando Dios está diciendo lo que Él hizo por su pueblo para bendecirlo.

Cuando Jabes dice: "Señor, bendíceme" en verdad Él está diciendo bendíceme, así como tú bendices a tu pueblo. Miremos en qué consiste la bendición de Dios allí en Deuteronomio:

La bendición más grande es que nosotros le pertenecemos a Dios y que Él nos aprecia y nos ama.

Esto es lo que sucede cuando la bendición de Dios está sobre nosotros: Dios nos rodea y Dios nos cuida.

Así que el Señor nos rodea, nos cuida y nos protege como a sus propios hijos. Luego continúa diciendo que, como un águila que aviva a sus polluelos y revolotea sobre sus crías, desplegó sus alas para tomarlo y alzarlo y llevarlo a salvo sobre sus plumas. Todo esto habla acerca de ese cuidado, de esa protección de la bendición de Dios. Y luego dice "Él solo lo guio". Cuando nosotros tenemos la bendición de Dios, Él nos guía.

Cuando Dios nos bendice, Él selecciona lo que nos regala: buenas cosas. Lo primero que pidió fue bendición y eso es lo que significaba en decir que Dios nos prospera, que Dios nos cuida, que Dios nos rodea y que Él nos da todas estas cosas, nos sacia de bendiciones.

Ahora, ¿qué más pidió Jabes? Jabes también pidió que extendiera su territorio. Podemos pedirle al Señor que extienda nuestro territorio espiritual, nuestra mente para nuevos horizontes y ver las cosas de una manera diferente, cosas nuevas que no conocíamos o que extienda literalmente nuestro espacio físico.

Así es, esa palabra "extender" también se usa para expandir, para ensanchar, para tomar nuevos lugares.

Dios concedió la oración de Jabes cuando Él le pidió nuevos lugares. Así que, si tú estás en una casa pequeña, agradécele al Señor por ella, pero también puedes pedirle al Señor que ensanche el territorio para que Dios lo conceda tal como se lo concedió a Jabes.

A veces tenemos negocios. Tú le puedes pedir Señor, ¿cómo hago para extender? Señor, extiende mi territorio, extiende mi territorio. Tal vez lo tuyo no es un ministerio, lo tuyo es un negocio. Tal vez tú estás vendiendo a un sector, puedes vender a otro sector, a un tipo de personas, tal vez puedes estar en un área geográfica y quieres también extenderte a otro territorio.

También, en la oración, Jabes oró a Dios diciendo: "Te ruego que estés conmigo en todo lo que haga. Quiere decir Señor, tú vas a extender mi territorio, pero cuando yo esté en ese territorio, yo te pido y te ruego que tú estés conmigo en todo lo que yo haga". O sea que él oró por su trabajo, él oró por todo. Cuando tú oras de esa manera, tú estás orando de acuerdo a la voluntad de Dios.

El rey Salomón, en Proverbios 16:3, nos dice: "Pon todo lo que tú hagas en las manos del Señor, y tus planes tendrán éxito". ¿Por qué tuvieron éxito los planes de Jabes? Porque la Biblia dice que Dios le contestó su oración y, es más, llegó a ser ilustre. ¿Qué dijimos que significa la palabra ilustre? Pues dijimos que la palabra ilustre significa distinguido, noble o eminente en ese territorio que Dios le dio. Entonces, todo lo que tú hagas, ponlo en las manos del Señor y tus planes tendrán éxito.

Señor, no sé todo lo que voy a estar haciendo. Necesito tu dirección, pero yo quiero que estés conmigo en todo lo que haga. Es necesario que nosotros le enseñemos a nuestros hijos de esa manera, que no vamos a ser sabios en nuestra propia opinión, sino que vamos a colocar todo lo que hacemos en las manos del Señor para que nuestros planes tengan éxito.

Jabes también oró diciendo: "Y líbrame de toda dificultad que me cause dolor". Líbrame de esa es la parte que la mayoría de nosotros oramos. La mayoría de nosotros, cuando oramos decimos: "Señor, tengo este problema, tengo esta dificultad. Señor, venimos a ti con este problema y te pedimos que Tú nos sanes". La buena noticia es que podemos orar como Jabes y saber que Dios le concedió esa petición. También Dios lo libró de todo mal. Así que vamos a orar: "Señor, líbrame de todo problema o dificultad que me causa dolor y ayúdame también a no causar dolor".

En la Reina Valera dice que Jabes también oró: "Señor, ayúdame a no causarle dolor a nadie y que nadie me cause dolor a mí". Y hace sentido ¿verdad? Porque él nació y su mamá le dice "me causaste tanto dolor que ahora voy a colocarte un nombre y te voy a recordar siempre como dolor". Él entendió "cuando yo causo dolor, la gente me recuerda por ese dolor que les causé" y esto es una buena lección que debemos aprender. Yo pienso que algo por lo cual también hay que orarle al Señor es para que nos ayude a no causarle dolor a mis hijos, a no causarle dolor a mi esposo y a no causarle dolor a nadie, porque las personas a veces se les pueden olvidar tus palabras, pero si tú les hiciste o fuiste motivo de dolor, las personas van a tenerlo en cuenta y van a recordarlo.

Y Jabes dijo: "¡No quiero ser Jabes, no quiero ser la persona que causa dolor! No, yo quiero ser ilustre, es por eso que necesito la bendición de Dios, necesito colocar todo en las manos de Él, necesito que él sea el que haga que mi territorio se extienda y también necesito que Él me guarde también de las personas y de las situaciones que traen dolor a mi vida".

Así que esta oración es preciosa. Es una oración que tú puedes utilizar como una buena guía para pedir a Dios la bendición en tu vida.

Mi registro mensual de oración

LAS TRES PETICIONES DE ORACIÓN MÁS IMPORTANTES Y CRÍTICAS:

1	
2	
3	

OTRAS PETICIONES PARA TENER EN CUENTA

PETICIONES DE AMIGOS, FAMILIARES Y MINISTERIO	CUANDO ORARÉ

Guía general de oración

Señor, necesito sabiduría en esto:

Señor, estas son mis necesidades cotidianas:

Señor, oro a ti por mis relaciones:

Señor, quiero recordar tus promesas divinas:

Fecha:

Esta semana leí en la Biblia:

Lunes *Mis peticiones* *Sus respuestas*

Martes *Mis inquietudes* *Sus respuestas*

Miércoles *Mis peticiones* *Sus respuestas*

Jueves *Mis peticiones* *Sus respuestas*

Viernes

Mis peticiones | Sus respuestas

Sábado

Mis peticiones | Sus respuestas

Domingo

Mis peticiones | Sus respuestas

Lecciones aprendidas y momentos de agradecimiento.

Fecha:

Esta semana leí en la Biblia:

Lunes *Mis peticiones* *Sus respuestas*

Martes *Mis inquietudes* *Sus respuestas*

Miércoles *Mis peticiones* *Sus respuestas*

Jueves *Mis peticiones* *Sus respuestas*

Viernes

Mis peticiones | Sus respuestas

Sábado

Mis peticiones | Sus respuestas

Domingo

Mis peticiones | Sus respuestas

Lecciones aprendidas y momentos de agradecimiento.

Fecha:

Esta semana leí en la Biblia:

Lunes *Mis peticiones* *Sus respuestas*

....

....

....

Martes *Mis inquietudes* *Sus respuestas*

....

....

....

Miércoles *Mis peticiones* *Sus respuestas*

....

....

....

Jueves *Mis peticiones* *Sus respuestas*

....

....

....

Viernes

Mis peticiones	Sus respuestas
....	....
....	....
....	....

Sábado

Mis peticiones	Sus respuestas
....	....
....	....
....	....

Domingo

Mis peticiones	Sus respuestas
....	....
....	....
....	....

Lecciones aprendidas y momentos de agradecimiento.

....

....

....

....

Fecha:

Esta semana leí en la Biblia:

Lunes Mis peticiones	*Sus respuestas*
....	....
....	....
....	....

Martes Mis inquietudes	*Sus respuestas*
....	....
....	....
....	....

Miércoles Mis peticiones	*Sus respuestas*
....	....
....	....
....	....

Jueves Mis peticiones	*Sus respuestas*
....	....
....	....
....	....

Viernes

Mis peticiones	Sus respuestas

Sábado

Mis peticiones	Sus respuestas

Domingo

Mis peticiones	Sus respuestas

Lecciones aprendidas y momentos de agradecimiento.

CAPÍTULO 10

El Padre Nuestro

La oración del Padre Nuestro nos muestra que debemos orar con el discernimiento de **QUIÉN ES Él: Nuestro Padre**.
Es así como en la oración del padre nuestro encontramos las cosas que debemos pedir al padre y, por consiguiente, las virtudes que debemos buscar.

Vivimos para la Gloria de Dios. Que Su voluntad se haga en nuestra vida. Para aquellos que quieren la voluntad de Dios en su vida, todo lo que te suceda va a trabajar para bien: Así lo promete Dios.

Cuando oramos "Venga tu Reino", busquemos discernir nuestra tarea – nuestro propósito – ya sea la tarea en secreto o en un pulpito para que el Reino de Dios crezca.

Cuando pedimos el Reino, la biblia dice: todas las otras cosas serán añadidas.

Hacer la voluntad de Dios no es siempre simple. Miremos el resto del Padre Nuestro:

1. Jesús nos dice que hay que orar por perdón y para poder perdonar, por lo tanto, debemos buscar la virtud de la bondad.

El fruto que viene al perdonar, es hablar con bondad aun de los que se han convertido en nuestros enemigos. Decide no seguir viviendo con resentimiento. El resentimiento es una raíz mala que hay que arrancar del alma. La amargura mata. Podemos buscar el perdonar y accionar diferente. ¿Cómo? En oración pedimos por la fuerza para amar a nuestros enemigos.

2. Orar por el pan de cada día y ser emprendedores en nuestro trabajo.

DÍA a DÍA debemos confiar en la provisión de Dios. Por esto, haz tu lista de cosas por hacer hoy en fe, ya que Dios te ayuda día a día con energía, paz y provisión.

3. Orar por la voluntad de Dios y buscar la sabiduría para poder verla, entenderla y seguirla.

4. Orar por las tentaciones y buscar el discernimiento:

"Señor, protégeme de las tentaciones y protégeme del mal" – Todos los días hay que orar por esto.

a. Tentaciones de negocios supuestamente "FÁCILES" pero oscuros o ilícitos.

b. Tentaciones de satisfacer una necesidad que parece no ser satisfecha y las puertas están abiertas para lograrlo, pero no son puertas Divinas.

c. Tentaciones de estar con personas que no son buenas, pero que creemos que tienen algo que queremos o necesitamos. Con ellas, mínimo perdemos el tiempo y la paz.

d. Buscar y discernir las cosas pequeñas que están en nosotros y que ensucian el corazón, porque el diablo las ve y las usará en nuestra contra y no creerás lo que podrías ser capaz de hacer.

e. Ora a Dios "Aléjame de las personas que no son realmente mis amigos".

No entrar en tentación es no esperar estar en medio de la tentación para huir. Por eso, ora todos los días: "Muéstrame la gente mala que viene a hacer daño".

Cuando el diablo venga a decirte que él puede satisfacer tus necesidades y deseos, recuérdale que el Señor es tu Pastor y tienes todo lo que necesitas.

Espero que esta enseñanza básica sobre la oración, utilizando el Padre nuestro como ejemplo, te haga entender que orar es hablar con Dios de las cosas que hacen una diferencia en tu vida mientras recuerdas lo que debes buscar para entender y discernir en tu día a día para que tus oraciones estén alineadas con su voluntad buena, agradable y perfecta.

Mi registro mensual de oración

LAS TRES PETICIONES DE ORACIÓN MÁS IMPORTANTES Y CRÍTICAS:

1	
2	
3	

OTRAS PETICIONES PARA TENER EN CUENTA

PETICIONES DE AMIGOS, FAMILIARES Y MINISTERIO	CUANDO ORARÉ

Guía general de oración

Señor, necesito sabiduría en esto:

....

....

....

Señor, estas son mis necesidades cotidianas:

....

....

....

Señor, oro a ti por mis relaciones:

....

....

....

Señor, quiero recordar tus promesas divinas:

....

....

....

Fecha:

Esta semana leí en la Biblia:

Lunes *Mis peticiones* *Sus respuestas*

Martes *Mis inquietudes* *Sus respuestas*

Miércoles *Mis peticiones* *Sus respuestas*

Jueves *Mis peticiones* *Sus respuestas*

Viernes

Mis peticiones	Sus respuestas
....	....
....	....
....	....

Sábado

Mis peticiones	Sus respuestas
....	....
....	....
....	....

Domingo

Mis peticiones	Sus respuestas
....	....
....	....
....	....

Lecciones aprendidas y momentos de agradecimiento.

....

....

....

....

Fecha:

Esta semana leí en la Biblia:

Lunes *Mis peticiones* *Sus respuestas*

....

....

....

Martes *Mis inquietudes* *Sus respuestas*

....

....

....

Miércoles *Mis peticiones* *Sus respuestas*

....

....

....

Jueves *Mis peticiones* *Sus respuestas*

....

....

....

Viernes

Mis peticiones | *Sus respuestas*

Sábado

Mis peticiones | *Sus respuestas*

Domingo

Mis peticiones | *Sus respuestas*

Lecciones aprendidas y momentos de agradecimiento.

Fecha:

Esta semana leí en la Biblia:

Lunes *Mis peticiones* *Sus respuestas*

Martes *Mis inquietudes* *Sus respuestas*

Miércoles *Mis peticiones* *Sus respuestas*

Jueves *Mis peticiones* *Sus respuestas*

Viernes Mis peticiones — Sus respuestas

....

....

....

Sábado Mis peticiones — Sus respuestas

....

....

....

Domingo Mis peticiones — Sus respuestas

....

....

....

Lecciones aprendidas y momentos de agradecimiento.

....

....

....

....

Fecha:

Esta semana leí en la Biblia:

Lunes *Mis peticiones* *Sus respuestas*

Martes *Mis inquietudes* *Sus respuestas*

Miércoles *Mis peticiones* *Sus respuestas*

Jueves *Mis peticiones* *Sus respuestas*

Viernes Mis peticiones — *Sus respuestas*

Sábado Mis peticiones — *Sus respuestas*

Domingo Mis peticiones — *Sus respuestas*

Lecciones aprendidas y momentos de agradecimiento.

CAPÍTULO 11

Orando por mi Hija

Yo oro por mi hija, mi madre o una amiga ministerial siguiendo el patrón de intercesión de Jesús que se encuentra en Juan 17 (NTV):

1. Que Dios sea glorificado en su vida y a través de ella.
2. Que ella conozca a Dios y crezca en el conocimiento y en su experiencia con Dios.
3. Que sea guardada en Dios (protegida de la desesperación, del desánimo y de la falta de fe en medio de las circunstancias).
4. Que sea moralmente pura y separada para el servicio a Dios.
5. Que ella esté en unidad con Dios, su esposo y con otras mujeres del cuerpo de Cristo.
6. Que se mantenga fiel a Cristo hasta la muerte.

Así oro por mi hija, mi madre o una amiga ministerial:

Padre celestial, oro de acuerdo a tu palabra, creyendo y con la convicción de que escuchas mi oración. Te pido que:

1. Que Dios sea glorificado en su vida y a través de ella.

Que todo lo que ella haga sea un reflejo de la imagen de Cristo a todos los que la rodean. Que conozcan a Jesús a través de sus palabras, actitudes, acciones y hasta de su forma de hablar.

«Después de decir todas esas cosas, Jesús miró al cielo y dijo: «Padre, ha llegado la hora. Glorifica a tu Hijo para que él, a su vez, te dé la gloria a ti.» **Juan 17:1**

2. Que ella conozca a Dios y crezca en el conocimiento y en su experiencia con Dios.

Que cada día conozca una nueva faceta del Padre, que pueda comprender el carácter de los mandamientos de la Biblia, que cada vez su tiempo de oración sea más relevante y fructuoso.

«Y la manera de tener vida eterna es conocerte a ti, el único Dios verdadero, y a Jesucristo, a quien tú enviaste a la tierra.» **Juan 17:3**

3. Que su mente, sus emociones y su corazón sean protegidos por Dios.

Que el desánimo, la frustración, la desesperación y la tristeza no vengan a su vida. Que el gozo del Señor llene su corazón y las promesas de Dios la guarden de todo lo que le pueda hacer dudar.

«No te pido que los quites del mundo, sino que los protejas del maligno.» **Juan 17:15**

4. Que sea moralmente pura y separada para el servicio a Dios.

Que los principios de Dios guíen siempre sus pasos y que la mantengan firme en sus convicciones. Que, cuando haya momento de defender su fe o de enseñar los principios bíblicos, la sabiduría que viene del Espíritu Santo le muestre qué decir y de la manera más clara y didáctica posible. Que sus principios hablen por sí solos de quién es Dios.

«Al igual que yo, ellos no pertenecen a este mundo. Hazlos santos con tu verdad; enséñales tu palabra, la cual es verdad.» **Juan 17:16-17**

5. Que ella este en unidad con Dios, su esposo y con otras mujeres del cuerpo de Cristo.

Que siempre haya unidad, amor y comprensión con su esposo. Que sea una sola unidad con él y que esto se refleje en toda su familia. Que siempre sea un agente de paz en la iglesia y en todo lugar donde se encuentre. Que ella sea uno con Dios y que sienta como Dios siente.

«Te pido que todos sean uno, así como tú y yo somos uno, es decir, como tú estás en mí, Padre, y yo estoy en ti. Y que ellos estén en nosotros, para que el mundo crea que tú me enviaste.» **Juan 17:21**

6. Que se mantenga fiel a Cristo hasta la muerte.

Que persevere, trabaje y no se rinda hasta que vea el propósito de Dios cumplido en su vida. Que su norte sea llegar a la presencia de Dios y, junto con ella, todos lo que la rodean. Que en esa unidad puedan ver la unidad de Cristo con el Padre.

«Padre, quiero que los que me diste estén conmigo donde yo estoy. Entonces podrán ver toda la gloria que me diste, porque me amaste aun antes de que comenzara el mundo.» **Juan 17:21**

Mi registro mensual de oración

LAS TRES PETICIONES DE ORACIÓN MÁS IMPORTANTES Y CRÍTICAS:

1	
2	
3	

OTRAS PETICIONES PARA TENER EN CUENTA

PETICIONES DE AMIGOS, FAMILIARES Y MINISTERIO	CUANDO ORARÉ

Guía general de oración

Señor, necesito sabiduría en esto:

Señor, estas son mis necesidades cotidianas:

Señor, oro a ti por mis relaciones:

Señor, quiero recordar tus promesas divinas:

Fecha:

Esta semana leí en la Biblia:

Lunes

Mis peticiones	*Sus respuestas*
....	....
....	....
....	....

Martes

Mis inquietudes	*Sus respuestas*
....	....
....	....
....	....

Miércoles

Mis peticiones	*Sus respuestas*
....	....
....	....
....	....

Jueves

Mis peticiones	*Sus respuestas*
....	....
....	....
....	....

Viernes

Mis peticiones — *Sus respuestas*

Sábado

Mis peticiones — *Sus respuestas*

Domingo

Mis peticiones — *Sus respuestas*

Lecciones aprendidas y momentos de agradecimiento.

Fecha:

Esta semana leí en la Biblia:

Lunes *Mis peticiones* *Sus respuestas*

....

....

....

Martes *Mis inquietudes* *Sus respuestas*

....

....

....

Miércoles *Mis peticiones* *Sus respuestas*

....

....

....

Jueves *Mis peticiones* *Sus respuestas*

....

....

....

Viernes

Mis peticiones | Sus respuestas

Sábado

Mis peticiones | Sus respuestas

Domingo

Mis peticiones | Sus respuestas

Lecciones aprendidas y momentos de agradecimiento.

Fecha:

Esta semana leí en la Biblia:

Lunes *Mis peticiones* *Sus respuestas*

Martes *Mis inquietudes* *Sus respuestas*

Miércoles *Mis peticiones* *Sus respuestas*

Jueves *Mis peticiones* *Sus respuestas*

Viernes

Mis peticiones	Sus respuestas

Sábado

Mis peticiones	Sus respuestas

Domingo

Mis peticiones	Sus respuestas

Lecciones aprendidas y momentos de agradecimiento.

Fecha:

Esta semana leí en la Biblia:

Lunes *Mis peticiones* *Sus respuestas*

Martes *Mis inquietudes* *Sus respuestas*

Miércoles *Mis peticiones* *Sus respuestas*

Jueves *Mis peticiones* *Sus respuestas*

Viernes

Mis peticiones	Sus respuestas
....	....
....	....
....	....

Sábado

Mis peticiones	Sus respuestas
....	....
....	....
....	....

Domingo

Mis peticiones	Sus respuestas
....	....
....	....
....	....

Lecciones aprendidas y momentos de agradecimiento.

....

....

....

....

CAPÍTULO 12

Orando por un Milagro de Sanidad

Cuando se trata de pedirle a Dios por un milagro de sanidad, puede ser que tengamos que batallar con pensamientos limitantes. Me gustaría tratar algunos de ellos y presentarte lo que dice la palabra al respecto para que sientas la confianza de llegar a Él en oración.

Objeción:
¿No sé si debo orar por esto? O ¿no sé si debo molestar a Dios con esto?
Pensamiento bíblico: Oren por todo
Versículo liberador: Filipenses 4:6-7

"No se preocupen por nada; en cambio, oren por todo. Díganle a Dios lo que necesitan y denle gracias por todo lo que él ha hecho." **Filipenses 4:6-7**

Este consejo fue escrito por el apóstol Pablo a los miembros de la iglesia para animarlos a orar a Dios por cualquier cosa que les molestara. Nos anima a presentar nuestras peticiones a Dios con corazones agradecidos.

Este versículo nos dice que los oídos y el corazón de Dios siempre están abiertos para escuchar cualquier cosa, grande o pequeña, que nos haga sentir ansiosos o preocupados.

Objeción:
Dios está ocupado
Pensamiento bíblico: Dios siempre nos oye
Versículo liberador: 1 Juan 5:14

"Y estamos seguros de que él nos oye cada vez que le pedimos algo que le agrada." **1 Juan 5:14**

El apóstol Juan nos dice que podemos tener la confianza de que, cuando oramos, Dios nos escucha. También nos recuerda sobre conocer su voluntad, de modo que podamos saber si, cuando pedimos, las cosas se alinean con los propósitos de Dios para nuestras vidas y su reino.

Objeción:
¿será su voluntad que sea sana?
Pensamiento bíblico:
Jesús pago el precio de nuestra sanidad
Versículo liberador: Isaías 53: 5

"Más Él fue herido por nuestras transgresiones, molido por nuestras iniquidades. El castigo, por nuestra paz, cayó sobre El, y por sus heridas hemos sido sanados."
Isaías 53: 5

Jesús murió para que fuésemos sanos. El compró

nuestra sanidad y por sus llagas somos nosotros sanos. Jesús estuvo en la tierra y sano de diferentes maneras:

- En ciertos lugares donde encontró fe en las personas, él sanó a todos
- Él sanó a los enfermos tocándolos
- Los sanó cuando le tocaron, como en el caso de la mujer le tocó el manto.
- Sano a la distancia, como con el general que dijo: "solo di la palabra y mi siervo sanará"

Objeción:
Esta enfermedad es muy grande
Pensamiento bíblico: La oración mueve montañas
Versículo liberador: Marcos11: 22 - 25

"Entonces Jesús dijo a los discípulos:

—Tengan fe en Dios. Les digo la verdad, ustedes pueden decir a esta montaña: "Levántate y échate al mar", y sucederá; pero deben creer de verdad que ocurrirá y no tener ninguna duda en el corazón. Les digo, ustedes pueden orar por cualquier cosa y si creen que la han recibido, será suya. Cuando estén orando, primero perdonen a todo aquel contra quien guarden rencor, para que su Padre que está en el cielo también les perdone a ustedes sus pecados.

Marcos11: 22 - 25

Jesús hizo estas declaraciones y nosotros podemos utilizar sus palabras para seguir creyendo y orando ante lo que parecen ser obstáculos insuperables. Pero esto requiere fe para creer que algo sucederá como resultado de la oración.

También es importante recordar que, además de fe, Jesús nos habla sobre perdonar a los demás como un camino para para experimentar milagros sobrenaturales.

Objeción:
Ya yo he orado solo y ahora solo espero
Pensamiento bíblico: hay poder Cuando estamos de acuerdo en la oración
Versículo liberador: Mateo 18:19-20

"También les digo lo siguiente: si dos de ustedes se ponen de acuerdo aquí en la tierra con respecto a cualquier cosa que pidan, mi Padre que está en el cielo la hará. Pues donde se reúnen dos o tres en mi nombre, yo estoy allí entre ellos."

Estos versos enfatizan el poder de la oración junto con un compañero de oración o un grupo. Jesús enseña la importancia de orar en privado en Mateo 6: 6-8, pero ahora él habla sobre el poder de la oración con otras personas, como una forma de acuerdo espiritual. Cuando oramos con otros, nos beneficiamos de su punto de vista y las respuestas que cada uno está escuchando de parte de Dios, confirmando su voluntad y dirección para nosotros.

Objeción:
No soy bueno. ¿Cómo Dios va a escuchar mi oración?
Pensamiento bíblico: Hay poder en seguir el consejo de Dios
Versículo liberador: Santiago 5:13-18

EL PODER DE LA ORACIÓN

¿Alguno de ustedes está pasando por dificultades? Que ore. ¿Alguno está feliz? Que cante alabanzas. ¿Alguno está enfermo? Que llame a los ancianos de la iglesia, para que vengan y **oren por él y lo unjan con aceite** en el nombre del Señor. Una oración ofrecida con fe sanará al enfermo, y el Señor hará que se recupere; y, si ha cometido pecados, será perdonado.

Confiésense los pecados unos a otros y oren los unos por los otros, para que sean sanados. La oración ferviente de una persona justa tiene mucho poder y da resultados maravillosos. Elías era tan humano como cualquiera de nosotros; sin embargo, cuando oró con fervor para que no cayera lluvia, ¡no llovió durante tres años y medio! Más tarde, cuando volvió a orar, el cielo envió lluvia, y la tierra comenzó a dar cosechas.

Mi registro mensual de oración

LAS TRES PETICIONES DE ORACIÓN MÁS IMPORTANTES Y CRÍTICAS:

1	
2	
3	

OTRAS PETICIONES PARA TENER EN CUENTA

PETICIONES DE AMIGOS, FAMILIARES Y MINISTERIO	CUANDO ORARÉ

Guía general de oración

Señor, necesito sabiduría en esto:

Señor, estas son mis necesidades cotidianas:

Señor, oro a ti por mis relaciones:

Señor, quiero recordar tus promesas divinas:

Fecha:

Esta semana leí en la Biblia:

Lunes *Mis peticiones* *Sus respuestas*

Martes *Mis inquietudes* *Sus respuestas*

Miércoles *Mis peticiones* *Sus respuestas*

Jueves *Mis peticiones* *Sus respuestas*

Viernes

Mis peticiones

Sus respuestas

Sábado

Mis peticiones

Sus respuestas

Domingo

Mis peticiones

Sus respuestas

Lecciones aprendidas y momentos de agradecimiento.

Fecha:

Esta semana leí en la Biblia:

Lunes

Mis peticiones | *Sus respuestas*

Martes

Mis inquietudes | *Sus respuestas*

Miércoles

Mis peticiones | *Sus respuestas*

Jueves

Mis peticiones | *Sus respuestas*

Viernes — *Mis peticiones* | *Sus respuestas*

Sábado — *Mis peticiones* | *Sus respuestas*

Domingo — *Mis peticiones* | *Sus respuestas*

Lecciones aprendidas y momentos de agradecimiento.

Fecha:

Esta semana leí en la Biblia:

Lunes

Mis peticiones — *Sus respuestas*

Martes

Mis inquietudes — *Sus respuestas*

Miércoles

Mis peticiones — *Sus respuestas*

Jueves

Mis peticiones — *Sus respuestas*

Viernes

Mis peticiones	Sus respuestas
....	....
....	....
....	....

Sábado

Mis peticiones	Sus respuestas
....	....
....	....
....	....

Domingo

Mis peticiones	Sus respuestas
....	....
....	....
....	....

Lecciones aprendidas y momentos de agradecimiento.

....

....

....

....

Fecha:

Esta semana leí en la Biblia:

Lunes *Mis peticiones* *Sus respuestas*

Martes *Mis inquietudes* *Sus respuestas*

Miércoles *Mis peticiones* *Sus respuestas*

Jueves *Mis peticiones* *Sus respuestas*

Viernes

Mis peticiones	Sus respuestas

Sábado

Mis peticiones	Sus respuestas

Domingo

Mis peticiones	Sus respuestas

Lecciones aprendidas y momentos de agradecimiento.

EPÍLOGO

¿A quién le pides?

Depender de tus recursos y de tu círculo social como "fuente" puede llegar a ser una distracción en los momentos de necesidad. En particular porque esta fuente no está para llenar tu necesidad, sino para mantener una posición. Sin embargo, aquel que no tiene acceso a estas fuentes, podría aprender más rápidamente a depender de la provisión y de la guía de Dios, sobre todo debido a su necesidad y a la carencia de otra fuente.

¿CÓMO UNA VIDA DE NECESIDADES RESULTA EN UNA GRAN BENDICIÓN?

Cuando mi madre quedó huérfana a la edad de 11 años, ella sabía que necesitaba recurrir a Dios inmediatamente. Sin lugar a dudas, ella había entendido que Dios es su Padre y la única fuente de esperanza en los tiempos de necesidad.

Ciertamente, en los momentos de intimidad con Dios se encuentran tus bendiciones. Si bien podemos pedir, siempre será mejor si también oramos para disfrutar de su Presencia.

No olvides que la Biblia afirma que nuestro Padre se complace en conceder los deseos de quienes se deleitan en Él.

"Deléitate en el Señor, y él te concederá los deseos de tu corazón". Salmos 37:4

¿QUÉ HACE QUE TUS ORACIONES SEAN INEFECTIVAS?

Piénsalo, escucha tus oraciones, ¿será que suenan así?: *"Señor cámbiale el corazón a tal persona para que me dé lo que necesito."*

NO hay nada de malo en ser específicos. Aunque sí debemos tener cuidado de no dar órdenes al Dios del cielo y de la tierra. Mucho menos deberíamos usar la expresión "Diosito". Al mismo tiempo, debes estar abierta a la voluntad de Dios y no solo a lo que tú deseas.

De hecho, la Biblia nos dice que necesitamos ser cuidadosos con la forma en la que nos acercamos a nuestro Padre Celestial.

"Cuando entres en la casa de Dios, abre los oídos y cierra la boca. El que presenta ofrendas a Dios sin pensar hace mal. No hagas promesas a la ligera y no te apresures a presentar tus asuntos delante de Dios. Después de todo, Dios está en el cielo, y tú estás aquí en la tierra. Por lo tanto, que sean pocas tus palabras". Eclesiastés 5:1-2

¿Dejas que Dios sea quien te hable cuando oras? ¿Conversas con Él o solamente le presentas tu discurso?

HE APRENDIDO QUE A QUIEN TÚ LE PIDES SE CONVIERTE EN TU FUENTE

Jesús dice: Pide al Padre. Él es la fuente de todo bien. Esto significa que, como Dios es tu fuente, debes ir a Él con humildad. Y como Él es tu Padre, puedes acercarte a Él con toda confianza.

"Ustedes, los que son padres, si sus hijos les piden un pedazo de pan, ¿acaso les dan una piedra en su lugar? O si les piden un pescado, ¿les dan una serpiente? ¡Claro que no! Así que si ustedes, gente pecadora, saben dar buenos regalos a sus hijos, cuánto más su Padre Celestial dará buenos regalos a quienes le pidan". Mateo 7:9-11

En esta cita bíblica, podemos ver que Jesús nos invita a tener la audacia de pedir. A su vez, nos anima a tener la certeza de que nuestra petición no será en vano porque sabemos que:

- ***Al que le pido es a mi Padre.***
- ***Al que le pido es al Dios de Amor y Él me ama.***

Por estos motivos, es importante comprender que Dios es nuestra fuente. Él es quien nos llena de fuerzas y nos bendice abundantemente. Por lo tanto, sin importar las circunstancias que estés atravesando, debes confiar en la provisión del Padre Celestial. Entonces, cuando te preguntes de dónde vendrán los recursos, debes mantenerte firmemente enfocada en la más poderosa fuente de abundancia: ¡Nuestro Dios Todopoderoso!

Mi registro mensual de oración

LAS TRES PETICIONES DE ORACIÓN MÁS IMPORTANTES Y CRÍTICAS:

1	
2	
3	

OTRAS PETICIONES PARA TENER EN CUENTA

PETICIONES DE AMIGOS, FAMILIARES Y MINISTERIO	CUANDO ORARÉ

Guía general de oración

Señor, necesito sabiduría en esto:

Señor, estas son mis necesidades cotidianas:

Señor, oro a ti por mis relaciones:

Señor, quiero recordar tus promesas divinas:

Fecha:

Esta semana leí en la Biblia:

Lunes *Mis peticiones* *Sus respuestas*

Martes *Mis inquietudes* *Sus respuestas*

Miércoles *Mis peticiones* *Sus respuestas*

Jueves *Mis peticiones* *Sus respuestas*

Viernes Mis peticiones — Sus respuestas

Sábado Mis peticiones — Sus respuestas

Domingo Mis peticiones — Sus respuestas

Lecciones aprendidas y momentos de agradecimiento.

Fecha:

Esta semana leí en la Biblia:

Lunes *Mis peticiones* *Sus respuestas*

Martes *Mis inquietudes* *Sus respuestas*

Miércoles *Mis peticiones* *Sus respuestas*

Jueves *Mis peticiones* *Sus respuestas*

Viernes Mis peticiones — Sus respuestas

Sábado Mis peticiones — Sus respuestas

Domingo Mis peticiones — Sus respuestas

Lecciones aprendidas y momentos de agradecimiento.

Fecha:

Esta semana leí en la Biblia:

Lunes Mis peticiones | Sus respuestas

Martes Mis inquietudes | Sus respuestas

Miércoles Mis peticiones | Sus respuestas

Jueves Mis peticiones | Sus respuestas

Viernes

Mis peticiones	*Sus respuestas*

Sábado

Mis peticiones	*Sus respuestas*

Domingo

Mis peticiones	*Sus respuestas*

Lecciones aprendidas y momentos de agradecimiento.

Fecha:

Esta semana leí en la Biblia:

Lunes

Mis peticiones	*Sus respuestas*

Martes

Mis inquietudes	*Sus respuestas*

Miércoles

Mis peticiones	*Sus respuestas*

Jueves

Mis peticiones	*Sus respuestas*

Viernes

Mis peticiones | Sus respuestas

Sábado

Mis peticiones | Sus respuestas

Domingo

Mis peticiones | Sus respuestas

Lecciones aprendidas y momentos de agradecimiento.

NOTAS

NOTAS

REBECA
SEGEBRE
MINISTRIES

Para más información, recursos y eventos visita:
www.RebecaSegebre.org
www.Vive360.org

E-mail: rebecasegebreweb@gmail.com

Medios sociales:
Facebook: @RebecaSegebreOficial
Instagram: @RebecaSegebre
Twitter: @RebecaSegebre
Youtube: @RebecaSegebre

ACERCA DE LA AUTORA

Rebeca Segebre es ingeniera de sistemas, maestra de la Biblia, graduada en teología y prolífica escritora, reconocida en el mundo hispano por su trabajo con la mujer, huérfanos y la adopción. Se hizo muy conocida a través de sus primeros cinco libros éxitos en ventas y sus populares reflexiones Un minuto con Dios. Ella además es la presidente de *Editorial Güipil.* En el área empresarial se ha destacado como gerente de proyectos para las empresas americanas *Fortune 500.*

Rebeca además es conferencista y fundadora del *Movimiento Mujer Valiosa*; que provee recursos, capacitación, libros y seminarios gratuitos. La *comunidad Mujer Valiosa* es parte del esfuerzo para capacitar a la mujer latina en el área empresarial y ministerial, acompañado de materiales y recursos basados en las Sagradas Escrituras.

Rebeca Segebre Ministries una organización sin fines de lucro 501(c3) con el deseo de equipar a la mujer latina de todas las edades y ayudarla a ser una mujer sana y prospera.

Para más artículos, audios, videos, estudios bíblicos y otros recursos visita: www.RebecaSegebre.org

Contacto: rebecasegebreweb@gmail.com

Libros y materiales de Rebeca:
www.Vive360Shop.com

Únete a la comunidad GRATIS y recibe un regalo especial:
www.MujerValiosa.org/regalo

Cursos y seminarios para escritoras:
www.EscribeYpublica.com/seminario

Otras obras por Rebeca Segebre

Un minuto con Dios para parejas

Confesiones de una mujer desesperada

El milagro de la adopción

Un minuto con Dios para mujeres

Confesiones de una mujer positiva

5 secretos que te impulsan al éxito

Mi vida un jardín

Afirmaciones divinas

Una nueva vida

Las siete virtudes del éxito

Símbolos de navidad

Planner Demos Gracias

Tú naciste para escribirlo

Positiva en tiempos de crisis

Un minuto con Dios para emprendedores

Las señales de la cruz

Made in the USA
Monee, IL
10 September 2026

62771015R00125